部下を育ててはいけない

田端信太郎

SB新書
540

まえがき

リーダーの仕事は「選別」が10割

世の中のリーダーが陥りがちな勘違いに、「リーダーは部下を育てて一人前にすることが仕事だ」というものがある。

部下を「育てる」ためにしっかりと教え、手柄を立てればほめ、時には叱る。これまでリーダーの大半が、良かれと思ってやってきたことである。しかし、これらがかえって、リーダー自身の首を絞めている。

なぜなら、**価値観も考え方も違う中で、部下全員が等しく「育つ」なんてことはありえない**からである。あなた自身がいくら手塩にかけて育てたところで、一向にパフォーマンスを発揮できない部下が生まれてくるというのは、残念ながら、いかなる組織であっても逃れることができない「宿命」である。あるいは、手塩にかけて育てた部下があっさりと他社へ転職してしまうのも、今や当たり前の光景だ。

私自身もいろいろな会社をわたり歩き、上司として数多くの部下と接してきたが、すべての会社でこうした状況を経験した。あなたの会社もおそらく同様だろう。

「2：6：2の法則」というものがあるが、これは真実である。

上位2割の優秀な部下がいて、その他6割はまあ普通（大幅な赤字は出さない程度の部下）、残り2割は「指示待ち部下」「仕事に対する責任感が乏しい部下」「指示に素直に従わない反抗的な部下」だ。

リーダーの仕事の要諦は、「選択と集中」である。限りある時間の中で、あなたのチームの成果を最大化せねばならない以上、「育て甲斐のない部下」の育成にかける時間などはない。

貴重な時間を投資することで、リターンがありそうな見込みのある部下と、見込みのない部下を「選別」し、ダメな部下は組織内でほかの良い人材と取り替えるべきなのである。

どんな人にも必ず「適材適所」がある。あなたのチームでパフォーマンスが低かったとしても、ほかのチームへ異動させたことで驚くほど成果を発揮しはじめることはよくある話だ。それはあなたに「人を見る目がなかった」あるいは「育てる能力がなかった」わけではなく、あなたのチームに「合わなかった」だけのことである。

日本の会社では正社員をそう簡単にはクビにできないので、ダメな部下を「辞めさせる」ことは難しいが、組織内で人材を「トレード」することはたやすいのだ。

上司は「会社のため」に働くな

これからのリーダーは、「部下を育てる」というこれまで正しいと信じられてきた価値観から、真逆に転換しなければならない。

このように言うと、極論のように受け取る人もいるかもしれない。しかし、私に言わせれば、「部下を育てる」という価値観は、終身雇用・年功序列が当たり前だった時代の「会社のために働く・貢献する」という古めかしい価値観が前提にあるものだ。しかし今は、「これまでと同じようなかたちで会社のために働いていては、成果が出ない時代」が到来している。

「大企業の時代は終わった」と言われはじめて久しいが、昨年（2020年）から今年にかけてこの言葉を「ひょっとして、本当かもしれない」と実感したビジネスパーソンは多いのではないだろうか。

私が思うに、理由は2つだ。

1つは、新型コロナウイルス感染症の影響によってもたらされた世界的な経済危機の影響である。あらゆる業種において業績が急速に悪化したことで、非正規社員の雇用が不安定になっただけでなく、電通やJT、ANAといった名だたる優良企業で、正社員を対象にした早期退職の募集を行っている。こうしてかつての日本型長期雇用は完全に過去のものになった。

もう1つは、コロナ禍で多くの企業がテレワークに踏み切ったことである。リモート勤務が常態になった企業では、「会社に来て仕事をしているフリ」が通用しなくなり、能力主義、成果主義へと舵を切った。

なかでもその存在意義が問われているのが、部長や課長などの中間管理職だ。

ここで、ちょっと想像してみてほしい。
会社と握手したことのある人はいるだろうか？
会社とハグしたことのある人はいるだろうか？
会社とキスしたことのある人はいるだろうか？
会社から殴られた人はいるだろうか？
もちろんいずれも「Ｎｏ」である。

「会社」というものは、皆の頭の中にある想像の産物に過ぎず、手で触れられるような実体はない。

にもかかわらず、これまで多くの人が「会社のために」と懸命に働いてきたのはなぜだろう？

理由は、中間管理職がトップの指し示す方針を「代弁者」として部下に伝え、部下たちも中間管理職の言うことを「会社の方針」と信じて働いてきたからにほかならない。

このプロセスが機能していた理由は、部下自身もいずれは出世して中間管理職となり、自分の上司と同じようなことをやるようになると信じていたからだ。だからこそ誰もが中間管理職の言葉を「会社の方針」と信じて、単なる使用人、従業員にもかかわらず、自分が勤める会社のことを「我が社」と思い、会社のために働くことができたのである。

しかし今や、会社そのものの存在すら危うくなってしまった。**伝書鳩だった中間管理職もいつ早期退職の対象となるかわからなくなった。**今や早期退職の対象は50代以上ではなく40代以上になっている。そして、そもそも会社の方針にしても、今や中間管理職の言葉を借りて部下に伝える必要はない。トップがZoomやTwitter、Clubhouseといったツールを使って、全社員に直接話しかければ済む話だ。面倒で役立たずな伝言ゲームにうつつを抜かしている暇はない。

このような時代にあって、中間管理職にはこれまで「正しい」と信じられてきたリーダー像から大きく方向転換をしなければならないのである。

組織にとって真の脅威は「有能な敵」以上に「無能な身内」だ。

このまま「会社のために」と信じて、「無能な身内」であり続けるリーダーに、明るい未来はない。そんな愚鈍なリーダーの道を選ぶのか、あるいは有能なリーダーの道を選ぶのか。多くのリーダーは今、まさに選択を迫られている。

「組織人」であり、「突き抜けた個人」であれ

「あなたの上司は誰ですか？」という質問に対し、あなたはどう答えるだろうか？

たいていの人は「部長のAさん」や、「本部長のBさん」と、特定の個人名を挙げるだろう。

ここでどう答えるかは問題ではない。**私が伝えたいのは、「あなたはあなた自身の上司〝個人〟に仕えているわけではない」ということだ。**

たとえば、アメリカの大統領がトランプからバイデンに代わったからといって、アメリカ軍がアメリカという国と、その国を率いる大統領に忠誠を誓うという構図が変わるわけではない。

アメリカ軍の軍人が忠誠を尽くしているのは、トランプやバイデンという特定の個人ではなく、国民に選ばれた「アメリカ大統領」という役職に対してである。

会社組織におけるリーダーにも同じことが言える。

たとえば、私がライブドアに入社した時のトップは堀江貴文さんだが、1年もしないうちにトップは交代している。ZOZOでも入社した時のトップは前澤友作さんだが、やはり途中でトップが交代した。

私個人の観点では、堀江さんや前澤さんを見る目と、後任の社長を見る目は違っている。まったくの別人なのだから、当然のことだ。しかし、会社員としての私は、トップがどのような人物に代わったとしても、等しく敬意を持って接するようつとめた。

というのも私は、私自身の給料を社長個人のポケットマネーからもらっていたわけではないからだ。**リーダーは、所属組織のトップや上司などの「個人」ではなく、自らが掲げた「理念・理想」に仕えるべきだ。これは一種の「職業的な倫理観」とも言える。**

世の中のビジネスパーソンには、個人的な「親分」と制度化された「上司」、個人的な「子分」と制度化された「部下」の区別がついていない人が少なくない。糸井重里さんは、かつて「弟子」と「部下」は違うのだと喝破された。たしかにビジネスにおいては個人的な貸し借りや義理立ても大切だが、上司と部下の間柄だからといって、上層部の命令に何でもかんでも従うということはない。ここを間違えると、チームリーダー、あるいは中間管理職であるあなた自身も、「会社のために」と自分に言い聞かせながら、間違った道を選んでしまうことにもなりうる。

このような危険性をはらんでいるにもかかわらず、上司やトップに対して、多くのサラリーマンが「Ｎｏ」を言えないのは、会社を辞めることや左遷されることへの恐れがあるからだ。

「会社をクビになったらどうしよう」「僻地に転勤命令が出されたらどうしよう」という恐れを抱いていると、上層部の理不尽な指示に従い、悪事の片棒を担がされてリーダーが個人としてのブランド価値や信頼を損なうことにもつながる。このようなリスクは断じて負うべきではない。

本来、組織人であるリーダーに求められているのは成果を上げることであり、会社に対してただ闇雲に忠誠を尽くすことではない。

ましてや役立たずの部下を押しつけられ「何とか一人前にしろ」と言われて、そのために貴重な時間の大半を割く必然性などない。求められているのは「成果を上げる」ことであり、見込みが薄い部下の面倒を見ることではないからだ。

これは多くの人が誤解しがちだが、「突き抜けた個人」であることと「組織人」であることは実は、まったく矛盾しないのである。

いつクビになっても困らないような「突き抜けた個人」だからこそ、社内政治の力学にからめ捕られずに、正論を貫ける。そして、正論を貫けるからこそ、会社の企業価値やブランド、顧客からの信頼を守る、本当の意味での「組織人」としての責務を果たせるのだ。

コーポレート・ガバナンスとは、やたらと細かくルールを増やしたり、ナントカ委員会を作ったりすることではない。空気を読まずに、正論を貫ける「突き抜けた個人」が、どれだけその会社にいるのか？　これこそが本質だと私は思っている。

上司には「上司道」がある

そんな突き抜けた個人、突き抜けたリーダーであるために身につけておきたいのが

「サラリーマン道」であり、「上司道」である。

武士に「武士道」があり、商人に「商人道」があるように、サラリーマンには「サラリーマン道」があり、上司になれば、一階層上の「上司道」がある。

「武士道」は新渡戸稲造の著作によって世界的にも広く知られるようになったが、基本は武士が自分たちに課した生き方のルールだ。なぜ、今日でも多くの人に読み継がれているのか。それはおそらく、おおもとにある戦士特有の倫理観が、単なる武士という支配階級のそれではなく、「強く、誇り高く生きたい」「弱者を助けたい」という人として当たり前の「道」を、磨き抜かれた理想として体系化しているからだ。

サラリーマンにも、武士と同じく「道」がある。「会社のため」ではなく、自分自身が掲げた理念や理想に向かって仕事をする。上司には敬意を払うが、服従はしない。部下を人として尊重はするが、「成果を上げる」うえで邪魔になる場合は時に非情になることもある。サポートはするが、「プロ」である以上、1から10まで教え導く必要はないし、ましてや会社が求める「金太郎飴的な部下」を育てることはまったくない。

そして「サラリーマン道」の上にあるのが「上司道」。マネージャーの道である。

上司に求められるのは、仕事の能力以前に、人としてどれだけ成熟しているか、どれだけ正しい行動ができるかだ。これからの時代のリーダーには、リーダーに相応しい生き方のルールや行動の心得がある。

「会社のため」ではなく、自らの「理念・理想」のために仕事をするのがこれからの時代の真のリーダーだ。部下に任せ、部下の能力を引き出し、自分が率いるチームの長として、社内外を問わず常に「あそこはすごい」と思われるほどのずば抜けた結果を出す。本書では、そんな「一目置かれるリーダー」になるための上司力改革25箇条について語っていきたい。

『部下を育ててはいけない』目次

第2章 リーダーは人を動かしてはいけない

第3章 リーダーは解決策を持たなくていい

第4章 リーダーは管理してはいけない

第5章 リーダーは好かれるだけが能じゃない

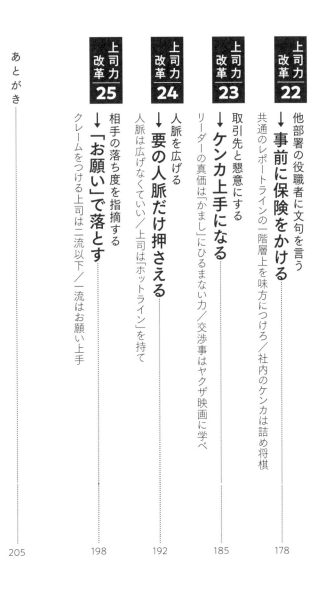

第1章

リーダーは部下を育ててはいけない

部下を育てる
↓
部下を取り替える

育成が無理なら「選別」すればいい

現代のリーダーは、さまざまな仕事を抱えて本当に忙しい。なかでも悩ましいのが「部下が育たない」ことだ。上からは「部下を育てろ」と言われるが、なかなかうまくいかないことも多い。

このような状況に対して、「自分の教え方に問題があるのだろうか？　リーダーに向いていないのかもしれない」と自分を責める人がいるかもしれない。しかし今や、**「若い部下が育たない」のは職場環境の変化によるところが大きい**、という見方が一般的である。

その背景にあるのが、「長期雇用」「年功序列」「緊密な職場関係」の3つが崩れたことだ。

長期雇用であれば、人はすぐに結果が出なくとも長い目で見てもらうことができるし、多少の失敗なら許される。年功序列なら上司の背中を見て、上司と同じような生き方をすれば自然と出世できる。人間関係が緊密な職場なら、上司と先輩が部下と長い時間を一緒に過ごすことになる。

これだけの環境が整っていれば、わざわざ時間と労力をかけて育てなくても、人は自然と育っていくものだ。今やほぼ何の役にも立たない人事部主催の研修がかつては機能しているように見えたのも、それが役に立っていたわけではなく、人が勝手に育っていたからだ。もちろんその人たちが全員、どんな会社でもずば抜けた結果を出せる超優秀な人材に育つかというとそうではないが、少なくともその企業が必要とする人材は育っていた。

ところが、今では**「長期雇用」「年功序列」「緊密な職場関係」の3点セットは絵にかいた餅になってしまった。**企業に人を長期間雇用する余裕がなくなれば、人を育てる余裕がなくなるのも当然のことだ。
　ましてや人材が多様化し、かつての日本企業にあった「正社員の育て方」「男性社員、女性社員の育て方」などといった杓子定規のマニュアル的な手法が通用するはずもない。このような状況下では、いくら上から「人を育てろ」と言われたところで、「部下が育つ」ことはあり得ない。

　そして**そもそも、「部下を育てる」ことと、「組織の目標を達成する」ことは短期的にはトレードオフの関係にあり、両立しにくい。**
「部下を育てる」のには時間も手間もかかる。にもかかわらず、リーダーが上の指示に従って「部下を育てる」ことに多くの時間を割く。その結果として、部下は多少育ったかもしれないけれど、組織目標は達成できなかったとしたら、会社が「君は目標は未達だったが、部下を育てたのでよしとしよう」と言うかといえば、それはもちろんＮｏである。
　こうした状況における**リーダーとしての正しい選択は、「自分の限りある時間をある程度割いてでも指導する価値がある人間か否かを選別して、その価値のある人間だけを**

育てる」ことだと私は考える。

日本語で「学習」を示す単語、「エデュケーション（Education）」と「ラーニング（Learning）」の違いは、「エデュケーション」は教える方が主語になるのに対し、「ラーニング」は教わる方の生徒が主体になる。ビジネスにおいて、「導管モデル」（学習とは「有能な人」から「有能でない人」に対する情報の「伝達」によって引き起こされる）という言い方があるように「エデュケーション」も全否定はしないが、リーダーが限りある時間を使って「育てる」とすれば、**指示待ち型の人間ではなく、主体的に学ぼうという姿勢を持った人間だけを選別して育てる方が、はるかに効率的だ。**

ソフトバンクホークス監督の工藤公康さんが「教えることなんてできない。本人にその気がなければ何を言っても同じです」と言っていたが、これはビジネスパーソンも同様だ。自ら学ぶ意欲のない部下を育てようというのははっきり言って時間の無駄。リーダーに求められているのは部下を育てること以上に、チームで成果を出すことだ。そのための「手段の1つ」として「部下を育てる」という方法があり、どうしても育てなければならないとしたら、主体的に学ぶ意欲のある部下だけを選別して、集中的に指導する方がいい。

部下全員が育つわけがない

「育てる価値がある部下を選別する」と言うと、「日本では簡単に社員をクビにすることはできない」と反論する人がいる。あるいは、「与えられた戦力を駆使してチームで成果を上げてこそ本物のリーダーである」という言い方をする人もいる。

たしかに、人材をクビにするにはある程度の制約がある。しかし一方で、「部署を異動させる」「転勤させる」などということは日本企業でも当たり前に行われている。**育つ見込みが薄い人材を組織から退場させることは難しいとしても、組織内で人材を取り替えることは可能なのである。**

それでは、「与えられた戦力を駆使してチームで成果を上げる」ことについてはどうだろうか。

企業が全社員を「自分で考えて動く人間」だけで揃えられるかというと、それは不可能だ。当然、社員の中にも1から10まで指示が必要な人種もいて、指示待ち社員を「自分で考えて動ける」ようにするまで指導する労力を考えたら、そんなことに貴重な時間を使うよりも選別して、できればさっさと出ていってもらって、リーダーがいちいち指示を出さなくとも自分で考えて動くことのできる人間を採用しなおした方がはるかにいいのではないだろうか。

「指示待ち部下」を「自分で考えて動く部下」にするというのは、それくらい難しい。

そこに時間を割くくらいなら、指示待ち型人間でもやっていける部署に異動してもらう。あるいは、その人が自らの手で他社という新天地を探した方が本人のためにもなるし、ひいてはチームのためにもなる。

動画配信大手のNetflix《ネットフリックス》がかつて社員数１２０人だった頃、ネットバブルがはじけ、同社もそこまで優秀ではない40人の社員にクビを言い渡したことがある。実に社員の１／３もの大リストラだ。これは創業者のリード・ヘイスティングスにとっても辛い経験だった。しかし数か月後、ヘイスティングスは残りの80人の社員が熱に浮かされたように仕事に熱中しており、自分自身も会社へ行くのが楽しくて仕方がなくなっていることに気づいた。
たしかに社員が大勢辞めて「能力の総和」は減った。しかしその一方で、やる気に満ち溢れた人材ばかりで構成された組織に生まれ変わったことで、「能力の密度」が高まった。こうして、優秀な社員にとって会社はワクワクするし、刺激を受けるし、最高に楽しい環境に変わったのだという。それ以来、「チームにたとえ1人でもやる気がない人間がいると、全員のパフォーマンスが落ちてしまう」というのが、ヘイスティングスの信条になった。

人にはそれぞれにふさわしい場所がある。向かない人を手塩にかけて育てるよりは、芽の出そうな部下を選別して育てる方がいい。**無能を並にするには、一流を超一流にするよりはるかに多くのエネルギーを要するが、それによって得られる果実は少ないのだ。**

そもそも「部下を育てる」というのは、生まれたばかりの赤ん坊を育てるとか、植物を育てるのとはわけが違う。「育てる」と言うと、じっくり相手と向き合うイメージがあるが、指示待ち型の部下ならともかく、自分で考え動くことのできる部下であれば、教えるというよりも「育つ環境」を用意して「その人物の潜在能力を引き出す」ことが大事になる。

チームで目標達成するために、「部下」が成果を上げるうえでのボトルネックになっているなら、部下を育てることが必要だ。しかし、育てることが無理な部下がいるなら、選別して芽の出そうな人材と取り替えればいい。そのうえで**見込みのある部下には「環境」を用意する。そうすれば自分で考え動くことのできる部下は自分で育つ**ことになるのである。

POINT
素質のない部下の指導に無駄な時間を費やさず、芽の出そうな部下を選別して育てる。

上司力改革 2

手柄をほめる→悪いことだけ報告させる

「良い話」は後から必ず耳に入る

「良いニュースと悪いニュースのどちらを先に聞きたいですか？」と聞いてくる人がいる。当然、悪いニュースを聞きたい人はほとんど存在しないので、良いニュースの方ばかりを知りたがるわけだが、これをビジネスの現場でリーダーがやってしまうと厄介なことになる。

リーダーの多くは良いニュースが大好きだ。商談をまとめたとか、新しい取引先を開拓したというニュースはとにかく早く知りたがる。上司としてももちろんうれしいし、それを自分のチームの成果として上の人間に報告できることが何よりうれしいからだ。反対に悪いニュースは大嫌いだ。現場で問題が起きた、商談がまとまらなかった、あるいはお客さまのクレームがあったなどという悪いニュースはできることなら聞きたくない。

中には、自分が聞かなかったことにして、部下に「自分の力で何とかしろ」と指示して問題から逃げようとする人もいる。

世にこうした上司が多い中、リクルート時代に私の上司だった田中耕介さんの口癖はかなり変わっていた。

会社に週に2、3回、それも短い時間しか来ずに、毎日ゴルフばかりしている（田中さんのゴルフの腕前はプロ並みだった。その後会社員を辞めて、本当にプロゴルファーに転向してしまった）田中さんに私たち部下が「あの会社から受注できました」というようれしい報告をすると、田中さんから返ってくるのは決まって次のような言葉だった。

「お前はサラリーマンだから、良いニュースを伝えて上司の俺から点数を稼ぎたいだけだろう。それはわかっているから、何かバッドニュースはないんか？」

良いニュースというのはわざわざ部下から聞き出さなくても後から自然と耳に入ってくる。それに対して**悪いニュース、特に仕事におけるミスやクレーム、お客さまとのトラブルなどはこちらから聞かない限り聞こえてこないものだ。**

だからこそ田中さんは、部下にこのように問いかけることで部下から「バッドニュース」を引き出そうとしていたのだろう。田中さんは続けて「お前ら、バッドニュースを隠していないよな？　怒らんから、もしあるんだったら今すぐ言ってみ」と追い打ちをかけることで、部下が隠し持っているバッドニュースを知ろうとしたものだ。

「ヤバい話」を引き出す力

リーダーがこれほどの努力をしない限り、バッドニュースというのは耳に入りにくい。だから私自身も上司になって以来、部下を叱ることはあまりないし、叱ること自体があまりいいことだとは思っていない。

なぜなら**叱れば叱るほど「バッドニュース」が上がってこなくなる**からだ。つまり、部下にとって都合の悪いことが上司である私の耳に入ってこなくなるため、重大な問題が起きているにもかかわらずその対応が遅れてしまううえ、正しい判断ができなくなってしまう。その結果損をするのはリーダー自身である。

リーダーに必要なのは悪い話を早く知ることである。

火事と一緒で、初期段階で、素早く対応しないと、燃え広がった後からでは手がつけられない状態になってしまう。

だからこそ、すべてのリーダーは、部下の手柄をほめる暇があるなら、先ほど紹介した田中さんのように**部下が悪い話を「すぐに」持ってこられるような環境づくりに日々、つとめるべきだ。**

バッドニュースは、リーダーの姿勢次第で「迅速かつ正確に報告される」か「ねじ曲がったかたちで遅く報告される」か、それとも、隠しきれなくなるまで「まったく報告されない」かに分かれることになる。

できるリーダーほど部下にまずい話を報告させることに長けている。もし、あなたの耳に、いい話しか部下から聞こえてこないとしたら、「リーダーとしての自分はヤバいかも」と思った方がいい。

POINT

聞かずとも耳に入る「良い話」ではなく、放っておくと部下が隠しがちな「悪い話」だけを報告させる。

上司力改革3

進捗を確認する↓質問させる

「部下からの報告」は免罪符になる

マネージャーの役割が「人に仕事をさせること」である以上、マネージャーは前線ではなくベンチに座っているくらいがちょうどいい。

ところが、そうなるとやたらと部下の仕事ぶりが気になって社内にいる部下に頻繁に声がけをしたり、外に出かけている部下にもやたらと連絡をしたがる上司がいる。部下に指示を出して、仕事を「任せた」はずがその進捗状況が気になって仕方がないというところだろうか。

実際、リーダーの中には「部下の背中を見れば、何を考えているのかわかる」と豪語する人もいるほどだから、こうしたリーダーにとっては部下の姿が「視界に入っている」ことは重要だろう。部下の一挙手一投足に監視の目を光らせることがマネジメントしていることになるし、「自分がマネージャーとしてちゃんと仕事をしている」という安心感にもつながる。

このようなリーダーにとってマネジメントとは、部下の姿を見て、声を聞いて、仕事の進み具合を細かくチェックすることなのだから、昨今のコロナ禍で多くの社員がテレワークに移行すると途端に不安になってしまう。

テレワークでは部下の姿はせいぜいWeb会議での画面を通してでしか見ることはできない。新卒者を対象にしたWeb面接などでは、ベテランの人事担当者でさえ「対面と違って画面を通してだと雰囲気がつかみにくくて」などと嘆くように、「画面だけ、それも一部だけ」の映像を通してのコミュニケーションには限界がある。

もちろん上司と部下のあいだには、学生相手と違ってそれ以前の人間関係があり、お互いをそれなりに理解しているわけだが、それでも上司が部下の席に行って、「○○さん、どう？　進んでる？」「□□さん、何か困ったことはない？」と気軽に声をかけることはできないし、雰囲気から何かを察するのも対面時と比べると難しい。

そのため上司の中には部下がちゃんと仕事をしているのか、何かトラブルは起きていないのかといったことを確認しようと、チャットを使って頻繁に指示を出したり、定時での報告を何度も求めたりする人もいる。

経験の浅い新入社員ならこうしたやり方もあるかもしれないが、経験を積んだ社員にまで「○○さん、その後順調に進んでる？」といった頻繁な声がけは、邪魔なだけだ。

にもかかわらず、こうした行動に出てしまうのは、部下の姿が見えないことの不安に加え、上司自身が「仕事をしている」という実感が欲しいから、あるいは人が育ち、成果が出るのを「待つ」という辛抱が足りないからに過ぎない。

上司本人はそれでいいかもしれないが、細かく管理監督される部下はたまったものではないし、チームメンバーのモチベーションは下がる一方だ。

では、どうすればいいのだろうか？

たとえば今、航空各社はコロナ禍で国内外ともに利用者が大幅に減少し、経営的にも厳しい状況にあるが、そんな航空会社から「今後どんなキャンペーンをしたらいいか提案してほしい」という依頼があったとする。

部下の1人にその仕事を依頼する場合、最初にある程度、方向性をサジェスト（提案）して「やってみてよ」と任せた後は、部下の席に行って頻繁に「どう、進んでる？」と声をかけたところでうるさがられるだけのことだ。

もちろん上司が部下をどれだけ信頼しているかにもよるが、私なら2週間後が締切の場合、半分の1週間が過ぎたくらいのタイミングで、「どう？　進んでる？」「途中でいいから1回見せてくれる？」くらいは言うかもしれないが、それまでは基本的には「放し飼い」にする。

反対にもし部下の方から「ちょっとここで迷っています」といった報告あるいは相談があれば、それには応えようとする。

報連相（報告、連絡、相談）というのはたいていのビジネスパーソンは新入社員の頃に研修で習うものだ。**報連相を上司に言われてやるか、部下から率先して行うかには大きな違いがある。**

ほとんどの上司にとって自分が指示した仕事がどうなっているか、問題は起きていないか、失敗していないかというのはとても気になることだ。それだけに上司にとって要所要所で報告してくれる部下というのは、進捗状況も確認できるし、何か問題があれば、「それはこうした方がいいのでは」と相談に乗り、アドバイスできるので安心して任せられる存在になる。

部下にとっても、要所要所で上司に報告しておけば、後になって「これはこうじゃないんだよ」といったやり直しを避けることもできるし、「あいつはきちんと報告してくるし、安心して任せられる」という信頼も得ることができる。

いわば、**部下にしてみれば上司への報告は、「私はいちいち聞きに来なくても要所ではきちんと報告しますから、過干渉にならずに放っておいてくださいね」という「サポート免罪符」にもなる。**当然、やる気も出る（なお余談だが、将来、昇進をさせたくなる部下というのは、付かず離れず、細か過ぎず、雑過ぎず、上司へ報告する内容とタイミングの加減がうまい部下である）。

部下に仕事を任せたものの、その進捗状況などが気になって仕方がないからと、部下の行動のひとつひとつに目を光らせ、管理しようとするのは二流のリーダーだ。その代わりに**上司は管理するのではなく、部下に報告や連絡、相談をさせればいい。**

それも「この時間とこの時間に報告しろ」という強制的なものではなく、たとえばAかBかで迷うといったY字路に差し掛かった時や、問題が起きた時だけでいい。

上司に必要なのは「良いニュース」ではなく、「悪いニュース」の報告であり、「今、ちょっと迷ってますが、この懸念点は気にしなくてもいいでしょうか？」といった相談だ。

これさえ徹底できれば、上司は部下を信じて任せることができるようになる。

俳優になって、心をつかめ

上司はとかく「どうしたら部下を動かせるか」と考えがちだが、**本来マネジメントで考えるべきことは「どうしたら部下が自分で考え自分で動き出すのか」だ。**

自分の思い通りに動かそうとするから細かく指示を出そうとするし、細かく管理することにもなるのだが、そんなことをしなくてもリーダーがチームのモチベーションを上げ、部下を信じて任せれば、部下は細かく指示をされなくても自然と動くようになる。

あるレベルを超えれば、マネジメントとは「人間をどう扱うか」の仕事になるのだが、そのためにはリーダーは**時に後述するＤＪやチアリーダーになり、時に部下に好かれたり弱みを見せたりといろんな引き出しを持って、それを臨機応変に「見せる顔」を俳優のように使い分けていく**ことが必要になる。

それさえできればチームのメンバーの心をつかむのは簡単だ。中にはこうしたやり方を「嫌だな」と感じる人もいるかもしれない。私自身も、好きか嫌いかと問われれば好きとは言い切れないが、やった方が絶対に効果的だし、実際に有効なのだから、使わなければ損ではないか、というのが私の考えだ。

POINT

部下に見せる顔をたくさん持ち、
それを俳優のように使い分けろ。

上司力改革4

部下から好かれる見せる顔を使い分ける

好かれた方が効率的——リーダーは8割支持が鉄則

菅総理を筆頭に、最近の政界のリーダーは、かなり「支持率」を気にしているようだ。

各マスコミの世論調査を見ながら、支持率が高い時にはそれをバックに政治力を誇示するが、支持率が下がった途端に「見直すつもりはない」と強気で言い張っていた政策でさえあっという間に引っ込めてしまう。私自身は政界と無縁の世界で生きているので、一概に「支持率なんて気にするな」と言うつもりはない。しかし、どんな政策も「支持率次第」というのも困りものだ。

そもそも内閣総理大臣というのは、どんなに良くても世の中の40％くらいの人からは「あの人は何なんだ」と何かにつけて文句を言われる存在だ。私のような「あの人、よくやってるな」と言う人が10～20％いて、残る40％くらいが「まあ、これといって大きな不満はないし、今のままでいいか」と消極的な支持をしている。結果、**どんなに頑張ったとしても消極的な支持を含めてせいぜい50～60％の人が何となく支持をしてくれればそれで上出来というのが内閣総理大臣という職業だ。**国民の大半から支持されるなどということは、性質上あり得ないのである。

では、**会社組織における上司の支持率はどうかというと、支持率が50％を切るようなら全然ダメで、80～90％でやっと合格、というのが私の持論だ。**

このように言うと、「日本中に小泉旋風を巻き起こした小泉内閣だって、支持率は80％まで行かなかったんだから、そんなの不可能だ」と反論する人がいるかもしれない。しかし、そのように言う人は**ビジネスの世界では政治の世界とは違って構成員の分母をいじることができる**のを忘れている。

第46代アメリカ合衆国大統領に就任したジョー・バイデンは、民主党の指名受諾演説で「私は民主党の候補者ですが、アメリカ全国民のための大統領になることを約束します。大統領はすべてのアメリカ国民のためにあります。政党や党派、そして支持層のための存在ではありません」と強調した。このことからもわかるように、トランプに投票した人たちに対して「トランプに投票した奴はこの国から出ていけ」と言うことはできない。アメリカ国民という分母を大統領個人の手でいじることができないのだから、当たり前である。

トランプに投票した人も含めて、「私はみんなの大統領だ」と言うのが政治家にとって大事な建前であるのに対し、**ビジネスの世界の場合は「リーダーとしての俺のやり方が気に食わないなら、そんな奴は、どうぞ出ていってくれ」と伝えることができる。**トランプは大統領時代に自分に批判的な政治家たちに対して、「嫌なら出ていけ」ということを平気で口にして散々非難されたが、ビジネスと違ってどんなに仕事ができない人でも、何にでも反対する人でも決して追い出すことができず、そうした人たちも含めて何とかするのが政治だから、ある程度の支持率を維持しようと思ったら、どうしても国民が支持してくれそうな、納得しそうな政策を打ち出さざるを得ないのである。

これとは逆に、**ビジネスリーダーの場合は自分の支持率を上げるために支持しない人間から好かれようとするのはバカげている。**

もちろん嫌われるよりは好かれている方がいいし、人望がないよりはあった方がいいには違いない。

ＬＩＮＥが上場する前、当時私が統括していた営業部門は前年比１００％増くらいで急速に売り上げを伸ばしていたが、社長や役員からは「まだまだ全然足りない。もっとやれ」とものすごいプレッシャーをかけられていた時期もあった。しかし私は、組織から課せられた厳しい売り上げ目標を、そのまま部下に伝えることは決してしなかった。

ビジネスにはスマホゲームのようにある時期には前年比10倍といった驚異的な伸びを見せるものの、翌年には一気に半分になるという文字通り浮き沈みの激しいものもあれば、広告営業のように一気に何倍にはならないものの、毎年、40％、50％と売り上げを伸ばして、それを5年、10年と続けられる方がいいという性格のビジネスもある。

当時任されていたビジネスは、後者だと私自身は考えていた。そのため、部下に対しては「みんな頑張っているし、正しい方向に向かっているんだから、無理せずこのままでいいよ」と、言わば「独り防波堤」の役割を果たそうと心がけていた。手前味噌のようではあるが、当時の部下からの支持率はおそらく、8割以上だったのではないだろうか。

部下の支持率は高かったものの、会社の方針に反することをしていたので、クビや左遷のリスクはあった。

こんな時、人望のない上司だったら、部下は「あんな奴、さっさとクビになればいい」「あいつがいなくなったらせいせいするわ」となるところだが、幸い私は本当にメンバーに恵まれていた。

「このままじゃ、田端さんクビになっちゃうよ。田端さんをクビにさせないためにももっともっと頑張らなきゃ」

と、部下たちが空気を読み奮起してくれたお陰でクビにならずに済んだのかもしれない。

先ほども話したようにリーダーは「部下に好かれよう」とする必要はない。しかし、**好かれた方が仕事ははるかに効率的だし、人望があれば、どんなに厳しい状況になってもチームのモチベーションが下がることはない。**リーダーの役目は目標を達成することであり、リーダーは部下に「好かれる」ために存在しているわけではない。しかし、だからといって、支持率が8割も行かないようなリーダーにいい仕事ができるはずもない。「支持しない奴は、別の奴とトレードすればいい」という覚悟を持つべきなのだ。

支持表明は好意だけじゃない

リーダーの支持率は最低でも8割から9割は欲しいところだが、**「支持する＝部下に好かれる」ということではないことを理解するのも大切だ。**

大切なのは「好かれる」ことではなく、「支持される」ことだ。

部下の「支持する」にはいろんなパターンがある。きめ細かに指導してくれる親切な上司を支持する部下もいれば、野心家でアグレッシブな部下にとっては「君の好きなようにやりなさい」と任せてくれる上司の方がありがたい。

たとえば、明治期の日本を舞台にした司馬遼太郎の小説『坂の上の雲』の主人公の1人である秋山真之《さねゆき》は、海軍兵学校を首席で卒業して、アメリカ留学の経験もある天才的な参謀だ。年上の上官に対しても作戦について教えるほど鼻っ柱の強い人間だったが、ロシアのバルチック艦隊を迎え撃つ作戦を立案した時には不安ばかりが脳裏をよぎる。そんな秋山の作戦を信じて泰然自若ぶりを発揮したのが東郷平八郎である。東郷は、一旦納得したらすべてを部下に任せ、自らは何かあった時には矢面に立って責任をとるという薩摩型リーダーと言えるが、このように信じて任せてくれる上司がいたからこそ秋山も持てる能力をフルに発揮できたと見ることができる。

この『坂の上の雲』の話を今風に言えば、優秀で、頭が切れて、最新の情報にも精通している、20代後半から30代半ばくらいの部下に任せて、上司は何もしない。「とにかくお前に任せるから、お前の思う通りにやれ。最終的な責任は俺がとるから、ビビらず、お前が正しいと思うことをとにかくやってくれ」と言って任せてくれる上司がいたら、優秀でやる気のある部下ほどありがたいと感じて、「わかりました、任せてくださ い」となる。いわゆる「意気に感じる」という状態だ。

こうしたアグレッシブなタイプの部下にとっては、細かいことまで口を出す上司よりは、自分よりは能力は劣るかもしれないけれど信頼して任せてくれる、そんな上司の方がはるかにありがたいし、支持できる。

結局のところ、上司と部下の関係は相互作用なので、「こうすれば部下に好かれる」なんていうマニュアルはなくて、**部下の性格や能力、仕事のやり方や目指す目標次第でどんな上司を支持して、どんな上司を支持しないかが決まってくることになる。**

それを忘れて、「すべての部下に好かれよう」なんて考えるのは、所詮は仕事を進めるための手段に過ぎない「好かれること」が目的化してしまっているし、一番大事な「好かれる」よりも「支持される」ことが大切だという視点が抜け落ちている。

リーダーは少なくとも8割以上の部下から支持されるのが当たり前だ。そしてそのためには「どうすれば部下の能力を引き出せるか、どうすれば部下は能力を発揮しやすいのか」「誰を部下にするか、誰は部下にしてはいけないか」をいつも最優先にして考えていればいい。

POINT

意に沿わぬ部下を取り替えられる組織のリーダーは、支持率8〜9割を目指せ。

上司力改革 5

こまめに声がけする↓フラットに接する

人を見て法を説け

「人を見て法を説け」という言い方がある。**どんな相手にもフェアに目を向け、相手のキャラクターや能力を把握したうえで、それにふさわしいアドバイスをする、**ということだ。

プロ野球の名監督だった野村克也さんは、「野村再生工場」と呼ばれた。かつては活躍していたが今は力が衰えている選手を再生したり、二軍でくすぶったまま力が発揮できずにいる選手を発掘して、表舞台に引き上げる才能に長けていたからだ。

こうした選手を「その気」にさせるために野村さんが心がけていたのが、冒頭の「人を見て法を説け」である。

たとえば、かつて阪神の大エースだった江夏豊さんと、一軍での実績のなかった江本孟紀《たけのり》さんでは、実績も性格も違っている。まったく異なるタイプの2人に同じ言葉を投げかけても、等しく心に響くはずはない。

そんな時、野村さんは「相手をよく見る」ことから始め、この選手はプライドをくすぐると燃えるのか、厳しい言葉で奮起するのか、はたまた励ますことでやる気を出すのかなどをじっくり見極めたうえでその人にふさわしい言葉をかけることで、潜在能力を発揮させることに成功した。

少し長くなるが、野村さんが、阪神を代表するエースピッチャーであった江夏さんを口説いて南海ホークス（現ソフトバンク）に移籍させるまでのエピソードを紹介したい。

次の文章は、江夏さんの手記からの抜粋である。

自分の青春時代は阪神とともにあった。自分はあくまで縦じまのユニホームの28番であって、それを脱ぐときは野球を辞めるときなんだと思っていた。気持ちにぽっかりと穴が開いていたところに、知り合いのスポーツ紙の記者から連絡があった。

「野村さんが一回食事をしようと言ってますが」

ノムさんこと、南海の野村克也監督は同じ関西にいて、知らぬ仲ではない。大阪・梅田のホテルプラザで、2時間ほど会食した。「是非、南海に来てくれ」という言葉が聞けると思っていたのに、一切出ない。

ノムさんは出てきた料理に箸もつけず、ひたすら野球の話をした。変なおっさんだなあ、と思いながら耳を傾けていると、前年のシーズン終盤の試合で2死満塁のピンチを迎えた時の話になった。ここで自分はわざとフルカウントから、内角高めにボール球を放った。見逃されたら押し出しだが、相手打者の心理を考えたら、ボール球でも絶対に振ってくる。そう確信しての配球だった。空振り三振。

ノムさんはたまたまテレビでこの試合を見ていたらしい。「おまえ、あの場面、意識してボール球を放ったやろ」。このおっさん、えらいところから切り込んできたな、と思ったときにはもう、引かれ始めていたのかもしれない。ノムさんは配球の意図をお見通しだった。そこまで見てくれている人がいたことが、うれしかった。

日本経済新聞〜江夏豊「私の履歴書」〜2017年12月22日

「士は己を知る者の為に死す」という言葉がある。それくらい、**部下にとっては、上司が、自分のことを正しく理解してくれることは喜びなのだ。**

野村監督と江夏投手の関係は、でき過ぎた話のように思えるかもしれない。とはいえ、ビジネスの現場における部下も、プロ野球選手と同じく能力や個性がバラバラだ。どんな相手であれ必ずこうしたら、絶対にうまくいくなどという方法は存在しない。だからこそ、**上司も部下もお互いに、相手がどういうタイプの人間なのか、できるだけ理解しよう、知ろうとつとめるべきである。**

上司のタイプもさまざまで、本当に細かいところまで指示・把握しようとつとめる上司もいれば、前述した私の元上司・田中さんのように部下を信じて任せるが、最後の責任だけはとるという放任型の上司もいる。

細かく指示・指導するマイクロマネジメント型の上司は部下の仕事が気になってしよ

うがないのか、たとえば部下である私が仕事をしているところにやってきて、こちらが求めてもいないのに「田端ちゃん、調子どう、何か困ったことはない？」などと聞いてくる。もちろんそれをありがたいと感じる部下もいるだろうが、私などは「うるさいな、ちゃんとやることやってるんだから、放っておいてくださいよ」と反発していたものだ。

私自身、このような育ち方をしたせいか、上司となってから「自分ならこうしてほしい」というやり方をそのまま持ち込んで失敗をしたことがある。これは『VOGUE』や『GQ』『WIRED』といった有名な雑誌タイトルを持つコンデナストという出版社に勤務していた時のことだが、「自分ならこうしてほしい」という感覚で部下をマネジメントしていたところ、『VOGUE』の編集部で働いている部下の女性たちから「No」を突き付けられた。

彼女たちの声は**「上司の田端さんは個人でやっているTwitterや社外の講演ばかりに熱心で、自分たちに興味がないのか、放置されている」**というものだった。

『VOGUE』で働いているのは9割が女性。私としては、プレイヤー時代、上司に対して「求められればいくらでもサポートをするし、不都合が起これば責任はとるが、部下から求められてもおらず、聞かれもしないことにわざわざ口を出すのもどうだろう」と思っていたために、自分が上司になった際、部下に対して手厚い声がけや頻繁なコミュニケーションを遠慮していた。しかしそれが部下からすれば「関心がない、期待されていない、放置されている」と受け取られてしまったのだ。

そんな私に対してエグゼクティブコーチが言ったのが**「上司に放っておいてもらいたいというのは田端さん個人の気持ち、願望なだけで、それは誰に対してもあてはまる普遍的に正しいマネジメントスタイルではありません」**という言葉だ。上司に放っておいてもらいたい部下もいるにはいるが、一方で、手厚い声がけを「自分への関心、期待」として受け取る部下もいる。

たしかに部下の能力や性格は十人十色であるだけに、部下によってマネジメントのやり方を変えることは必要なことだ。放っておいても自分からどんどんやれる部下のところに頻繁に顔を出して、「ちゃんとやっている?」「さぼってない?」などと余計な口出しをするのは愚かなことだが、そこまで能力が高くない部下や、ちゃんと見てるよ!

というシグナルでモチベーションが上がるタイプの部下なら時に手取り足取り教えることも必要になる。

その意味では部下への手厚い声がけや、「1on1」的な細やかなコミュニケーションも手法としては大いにあってよいが、ここで気をつけるべきは特定の部下に対してだけ熱心にサポートするとか、一部の部下にだけ熱心に声がけをするといった公平性を欠いた行為にならないようにするということだ。

もしこうした**バランスや公平さを欠いた時には上司にとって最も大切な「フェアネス」という資産を傷つけるだけに注意が必要だ。**

冷たい上司と公平な上司のあいだ

私が野球の野村さんについてすごいなと思ったのは、野村さんは監督時代、選手の仲人を絶対に引き受けなかったし、コーチや選手と個人的に食事に行くこともなければ、飲みに連れていくこともしなかったというリーダーとしての自分の律し方だ。

野村さんが選手時代の監督は「親分」とも呼ばれた鶴岡一人《かずと》さん。「親分」というだけに、監督と選手が親分・子分の関係をつくり、子分だけで結束する派閥をつくる傾向があったが、それでは派閥に入れなかった選手は疎外感を持つし、そこからチームの結束が乱れるもとになる。そんな派閥人事の失敗を見てきただけに野村さんは監督になってからはコーチや選手との個人的な付き合いは控え、派閥をつくらないように気をつけた。

チームの結束を強めるという意味合いに加えて、「野村派の人間」というレッテルが一度貼られてしまうと、その選手やコーチの今後の進路を狭めることになる、という配慮によるものだ。これは私としても同感で、**ビジネスリーダーも部下との付き合い方を考え、派閥をつくらないのはもちろんのこと、できる限り部下に対して公平でなければならない**というのが持論だ。

私自身、部下への声がけを否定はしないが、たとえば女性社員に対して「髪を切ったね」といった容姿に関わることは絶対に言わないと決めている。もちろんセクハラへの配慮もあるが、じゃあ、部下が髪を切ったり、髪形を変えたりした時、全員の変化に気づけるかというと、それは難しいからだ。すべての人に同じ対応ができないということは、フェアではない。

同様に、ランチなどについても、アポイントの道中で立ち寄るなどは別として、部下を誘って、個別に1対1でランチや飲みには行かないと決めている。**特定の部下だけをひいきにしている、とメンバーにとられると、全体のパフォーマンスの低下を招く。**例外は、優秀な部下が「辞めます」と言ってきた時に、慰留をする場合だけだ。

夫婦や恋人同士なら「気づかない＝関心がない」としてケンカの原因になるかもしれないが、上司と部下の関係ならフェアネスに反することをするとチームの運営に大きな支障が出てしまうのだ。

「そこまでしなくてもいいのでは」と言う人がいるかもしれないが、上司にとって大切な資本であり、大事な資産である「部下に対するフェアネス、公平さ」を担保するためには日ごろの何気ない言動から気をつけて、周囲から疑いを持たれる行為は一切しないという心がけがリーダーには求められている。

ちょっとした声がけや、一緒にランチに行くといったことにまで神経を使う上司は部下からすれば、一見「冷たい上司」に映る。そんな冷たい上司より日ごろから冗談を言って、ランチなども部下とわいわい楽しむ「優しい上司」の方が「好きだ」という部下もいるかもしれないが、果たして「怖くて冷たいけど公平な上司」と、「優しいけど不公平な上司」のどちらが組織にとって好ましいのだろうか？　答えは改めて言うまでもない。

人間だからどうしても好き嫌いはある。しかしそれでも**つとめて「フェアに接する」ことを貫いてこそ、部下は「好き嫌い」抜きにして上司を信頼するものなのだ。**

POINT
リーダーはどんな部下に対しても、最大の資産とも言うべき「フェアネス」を貫け。

第2章

リーダーは人を動かしてはいけない

上司力改革 6

人を動かす

人が動き出す

マネジメントは「管理」じゃない

組織で働く中で成果を上げていると、やがて後輩ができたり、小さなチームを任されたりするようになってくる。そこからさらに結果を出していけば、昇進してマネージャーになる。

ビジネスパーソンにとって「昇格してチームを任される」というのは、「自分が評価された証」として誇らしく感じる一方で、そこで新たな壁に突きあたる人もかなりの数、存在する。

それは**「チームメンバーが思うように動いてくれない」**という悩みや、**「プレイヤー**

時代に自分がやってきたやり方が通用しない」という壁である。

あなたが昇進したということは、それまでのやり方が奏功して成果を上げたからであり、それまでのやり方が間違っていたわけでは決してない。しかしそれはあくまで「自分個人としての成功法則」であって、部下があなたと同じやり方で取り組んだとして、同様の結果が出せるわけではまったくない。

そんな人にまず考えてもらいたいことは、「そもそもマネジメントって何なのか？」「マネージャーって何をする人なのか？」ということだ。

まず、**マネジメントとは管理することではない。**

日本語だとマネージャーのことを「管理職」と言うため、「Ｍａｎａｇｅ」をどうしても「管理する」こと、あるいは「運営する」ことだと思い込んでいる人が少なくない。しかし、英語で一般的に「Ｍａｎａｇｅ」というと、「あちらを立てればこちらが立たずの状況を何とかやりくりする」という意味になる。

「管理職」というと、部下の仕事ぶりや仕事の進み方を「管理」して、「監督」するというイメージになりがちだが、**本来は「仕事において直面する困難（ボトルネック）を何とかして乗り越える」のが本来のマネジメントなのだ。**

そうした中では、「目の前に現れた困難を乗り越えるための動き方を決定する」ことが大切になる。

たとえば、営業チームに、①新規客開拓の売り上げが上がっていない、かつ、②一度受注できた顧客の顧客満足度が低くリピート受注ができていない、というダメダメな状況があり、マネージャーが部下から「新規と既存のどちらを頑張ればいいんですか？どちらが大事なんですか？」と質問されたとしよう。

そこで、「どちらも大事だから、両方頑張れ」と答えるようではマネージャー失格だ。

企業の工場などに行くと「品質第一」「安全第一」といった「第一」だらけの標語が掲げられているが、その企業にとっては「品質」や「安全」と並んで「売り上げ」も「利益」も「第一」のはずで、こんな風に「すべて均等に第一」にしてしまうと、かえって全部中途半端になりがちだ。**リーダーに必要なのは、具体的な仕事の現場における選択肢の中で何が第一で、何が第二なのかという優先順位をはっきりと示すことだ。**

永遠に正しい普遍的な正解などない。当面かつ個別具体的でいいから、何を選ぶべきかを明言すべきだ。

ビジネスの現場では短期の売り上げと長期の利益、社内の負荷と社外の満足、人材育成と業績達成のような、どれも大切だけれども相反する要素が混在している。だからこそリーダーは「選択肢の中で、今この状況ではどれが大事かをはっきり決める」ことが大切なのである。

また、こうした決断を下したうえで**マネージャーにさらに求められるのが、チーム内に〝盛り上がり〞のムードをつくることだ。**

マネージャーになったばかりの人が陥りがちなのが、はりきり過ぎて部下の一挙手一投足を管理して、手取り足取り指導をしようとしてしまうことである。

ありがたがる部下も中にはいるかもしれない。しかし、大半の部下は「どうせ何をやっても細かく直されるんだから」とやる気をなくしてしまう。そして、そういう細かい口出しをする、いわゆるマイクロマネジメントは、出世するほど、組織が大きくなるほど、そして部下が取り組む課題が高度になるほど、機能しなくなる。

マネジメントは「指示する人と指示通りに動く人」に分かれるものではなく、組織にいい空気をつくってひとりひとりの部下がやる気を出して自発的に動くように働きかけるものである。

マネジメントという仕事の中に「管理」とはまったく異なる「クリエイティブな要素」がたくさんあることを理解しよう。きっと、マネージャーになった時に、ただの「管理職」よりもイケてる働き方ができるはずだ。

手を動かすな。ボトルネックを探せ

「人に仕事をしてもらって、その人のパワーを最大限引き出すこと」、つまり**「人に仕事をしてもらうことが、自分の仕事である！」これは私がライブドア時代にたたき込まれたマネージャーの仕事の基本原則**だ。

マネージャーに就任するのは、平社員時代に仕事ができて、評価されてきた人物だ。そんな「できる」人から見れば、当然部下の仕事のやり方に不満があるし、「自分がやった方が早いし、うまくいく」などとつい考えてしまいがちだ。

ここで忘れてはならないのが、本項の冒頭で述べた「マネージャーは人に仕事をしてもらうことが仕事」という鉄則である。

たとえば、喫茶店でトースト、ゆで卵、コーヒーを組み合わせたモーニングセットを提供するケースで、お客をうまくさばくことができなくて売り上げも利益も伸びないという問題があったとしよう。こうした時、店のマネージャーはどのように対応すべきだろうか？

管理型のマネージャーならウェイターの動き方をストップウォッチ片手にチェックして、「歩くのが遅い。もっと速く歩きなさい」と指導するかもしれないし、自分の腕に覚えのあるマネージャーなら、部下に仕事を振らず、「俺がやる」となるかもしれない。しかし、こうした状況でマネージャーがすべき仕事はそうではない。**「客がさばけない」という問題のボトルネックは何なのかを考えるのだ。**

たとえばパンを焼くのに時間がかかっているとしたら、「トースターをもう1台購入しよう」という提案をする。卵をゆでるのに時間がかかっているとすれば、「あらかじめ、ゆでてある卵を仕入れたらどうだ」というアイデアを出す。

従業員は、目の前の仕事に追われていると、どうしても「もっと頑張らなきゃ」と思いがちで、マネージャーも彼らに「もっと頑張れ」と鼓舞しがちである。

しかし、**ここで「頑張れ」としか伝えられない人は単なる「応援団」であって、「マネージャー」ではない。**マネージャーがすべきことは目の前にある課題の解決策を考え、部下が仕事をしやすいようにその前提となる環境を変えるための意思決定を行い、資源を調達し、部下がただがむしゃらにやらなくても効率的に結果を出せる仕組みをつくることなのだ。

POINT
リーダーは、チームメンバーが成果を上げる阻害要因(ボトルネック)を見つけ、対処せよ。

上司力改革 7

監督する
↓
応援する

管理力よりも幹事力

これまで述べてきた「人に仕事をしてもらって、能力を最大限発揮させる」という原則に立てば、マネージャーのすべきことはおのずと明確になる。

「チーム内にいい空気をつくり、メンバーが自分から動き出すような空気をつくることこそが最高のリーダーシップ」というのが私の持論だ。

そのために欠かせないのが社内の飲み会に代表される表彰イベントである。「本当に優秀なマネージャーの仕事は、達成パーティの幹事だけになる」と言ってもいいだろう。

今は新型コロナウイルス感染症の影響で、会食の機会自体が減っているが、それを抜きにしても近年は、そもそも上司と一緒に飲みに行くのを嫌がる部下が増えているため、会社の「飲み会」というものが失われてきている。こうした中、「飲み会や社内パーティの幹事なんて絶対にやりたくない」と思う人はかなり多いが、そうした人は重要なことに気づいていない。飲み会やパーティ、**社員旅行の幹事というのは、満場一致で全員が100%満足する正解が存在しない「マネジメントそのもの」であり、あらゆる仕事の中で最も難しい仕事**の1つなのである。

飲み会の幹事と言うと、よくあるのは入社して間もない新人や若手社員が担当するケースだ。「雑用を押し付けられた」と思って、「まあ、いつも行っている居酒屋でいいか」と適当に済ませてしまう。こうした人は、幹事は出欠をとって、会費を集めて、適当に店を決めればそれでいい、と思っているかもしれない。しかし、こんな飲み会なら上司も部下も積極的に出たいと思わないだろうし、チームの士気が上がるはずもない。

リクルートに入社した時、ご多分にもれず私も、まずはじめに飲み会の幹事をやらされたが、その時、ある上司が次のように言い放った。

「田端。飲み会の幹事ってのはな、一番仕事ができる奴がやる仕事なんだよ」

当時はよく意味がわからなかったが、数年後、部下を持つようになって、ある時、ふと、この言葉を思い出した。

参加者全員の好みに合う店、料理、飲み会でのスピーチの内容……「普遍的な正解」は存在しない中、選択肢の中で最適と思われるものを選び、会がうまく執り行われるよう調整につとめる。これは言わば「マネジメントそのもの」であり、あらゆる仕事の中で最も難易度が高く、クリエイティビティとホスピタリティが求められるものの1つなのだ。

社内の飲み会だけではなく、接待も同様である。たとえば外資系の企業の重役が来日したとしよう。相手がフランス人だから、と脊髄反射で、高級ホテルの三ツ星フレンチを選ぶようではまったくイケてない。**じっくり考えず安易に出した「正解」は、いくらお金をかけて接待したとしても相手の記憶に残ることはないのだ。**

大切なのは接待する人について事前にしっかりと調べたうえで、相手が普段どんな生活をしているのかを想像し、その気持ちにぴったりとあった店を選び抜くことだ。記憶に残る接待というものは、このようにしてはじめてできる。

会社の飲み会も同様だ。幹事を任された若手社員なら、まずは「そもそも、何のためにこの飲み会をするんだろう?」という目的を考え、飲み会に参加する上司や先輩、同僚の趣味嗜好や普段の生活にイマジネーションを働かせて店を選ぶ。

そうすれば「飲み会なんて面倒くさいなあ」と、いやいや参加したはずの人の「心のツボ」を押せる、「記憶に残るいい飲み会」が可能になる。

もちろんどんなに考え抜いて飲み会をセッティングしたとしても、参加者全員が100点満点で満足するわけではない。しかし、**参加した人間の大半が「今日は楽しかったなあ」「ずいぶん盛り上がったなあ」と思って帰ったとしたら、その幹事は参加者に対して「影響力」を発揮したことになる**し、「あいつは意外とやるじゃないか」という評価を得ることもできる。

マネージャーとしていい仕事をするために、「飲み会の幹事力」を上げることは非常に重要なのである。

時にはチアリーダー、時にはDJであれ

マネージャーの仕事を突き詰めていくと、最終的には「飲み会の幹事」だけになる。

なぜかというと、「人に仕事をさせることが仕事」である以上、マネージャーが心がけるべきは部下の管理でも監督でも監視でもなくて、**チームメンバーが動き出したくなる「いい空気づくり」**をすることだからだ。その意味ではマネジメントというのはDJに似ているし、メンバーを応援するという点ではチアリーダーにも似ている。

私はテクノが好きで、昔はDJもやっていたが、マネージャーを経験するうちに、「マネジメントって、DJに近い感覚があるな」と思うようになった。

「踊れ」と上から目線でお客に命令するDJがいたら、途端に場がしらけてしまう。それと同様に組織のチームにおいても、上司が「言った通りに動け」と頭ごなしに指示するのはうまいやり方ではない。上司には権力があるので、ある程度は部下も従うかもしれないが、内心では「いちいち口を出してきて煩わしいな」と不満を抱く。

こんなマネージャーは二流だ。社内の飲み会でも上司がやたらとはりきって、「今日は無礼講だ！　盛り上がろうぜ」と、参加者全員に無理やりに酒を飲ませて盛り上がる飲み会なんか、超寒いし、みんな「二度と出たくない」となってしまう。

その点、**イケてるＤＪというのは、その場にいる人たちが自然と踊り出したくなる、いい感じの空気を醸成するのに長けている。会社組織のリーダーに必要なのはこうした感覚だ。**

そのために効果的なのが前項でも話した「社内飲み会」で、私はマネージャー時代には、メンバーが営業に走り回っている時にも、自分は昼から「次の飲み会の店はどうしようかな」といつも考えていた。リーダーが毎回の飲み会にどれだけの意味とメッセージを込められるかが勝負だ。

それさえうまくいけば、リーダーが細かく指図しなくてもメンバーが自然と自分で動きはじめ、勝手に期待以上の力を発揮してくれる、生産性の高いチーム運営ができるはずである。

POINT

ＤＪやチアリーダーのように、チームメンバーが気分良く成果を上げられる「雰囲気」をつくれ。

上司力改革 8

やる気を出させるムードをつくる

モチベーションは「ゲーム」で上げろ
――肉の写真を貼れ！

マネージャーにとって、チームで目標達成するためには、いかにチームメンバーのやる気に火をつけるかが鍵を握る。

私がライブドアで広告営業のマネジメント担当役員をやっていた時のことだ。

当時はライブドア事件の直後である。世間の風当たりが厳しく、社員たちも迷いと不安だらけの中で働いていた。そうした状況下では当然、目標を達成することも容易ではなかった。

そんなメンバーを何とか鼓舞できないかと私が思いついたのが**「壁に肉の写真を貼る」**こと。次のエピソードは営業部など、前線で戦う部門のものだが、それ以外の職種についている読者にも参考になる部分があるはずだ。

当時、ライブドアのオフィスが入っていたビルの地下に「ロウリーズ・ザ・プライムリブ」という高級ステーキ屋が入っており、私は「目標を達成したら、みんなで食べに行こう」という意味で、その店のステーキの写真を常にメンバーの目に留まる場所に貼り出した。

「そんな子どもだましみたいなことでうまくいくのか」と感じた人もいるかもしれないが、実際には絶大な効果があり、見事目標を達成したのだから、「盛り上がりの威力」は侮れない。後日、そのステーキ屋で行われた達成会でこんなスピーチをしたのを覚えている。

「古来、人間はみんなで力を合わせて狩猟をしてきました。マンモスや猪を倒そうと思ったらチームプレイをしないといけません。そして倒した暁には、みんなでその肉を分け合って食べる。みんなで狩りをするわけだから、倒した獲物の肉もみんなで食べる。みんなで成果を出して、みんなでおいしいものを食べるというのは、古来、人間がやってきた団結力の高め方だ。今回、みんなで達成できて、みんなでお肉を食べることができる今日この場を持てたことが、俺は本当にうれしい！」

給料が1万円上がるのもうれしいが、**給与アップよりも客単価1万円のレストランに行って、みんなで一緒にご飯を食べる方がより一層団結力が高まり、いざという時に、踏ん張りが利くチームができる！**というのが私の信念だ。

最近はコロナ禍の影響もあり、社内外を問わず「〇人以上の会食を禁ずる」といった動きがあって、チームのみんなでおいしいものを食べながらのお祝いもしにくくなっているようだが、みんなで一緒に「同じ釜の飯を食う」ことの威力は、マネージャーたるものよく理解しておくべきだ。

結局、人間の気持ちが「盛り上がる」ためには、そんなに難しいことは必要ない。「これを達成したらみんなでおいしいものを食べに行こうよ」（あるいは沖縄へ社員旅行に行こうよ！　でもいい）というように、お互いが共通して体験可能なゴールを共有するだけでも十分に盛り上がることができるし、「同じ釜の飯を食った仲間」とは精神的な結束も自然と強まっていく。

また、これは私がリクルートで働いていた頃のことだが、営業部署の壁に等身大のグラビアアイドルのポスターを貼って、売り上げが伸びるたびにポスターに貼った付箋をはがしていたことがある。

今同じことをやったら大問題になるが、当時のリクルートでは、毎日の朝会で「今日は、おっぱいの谷間を見るぞ！　エイエイオー」などと朝礼で気合を入れて、受注するごとに「おっ、ついに谷間が見えてきましたね！」と大騒ぎをしていたりしたものだが、**人間のやる気など、案外とこんな簡単なゲームで火がつくものなのだ。**

これは一種のゲームだ。でも、壁に貼り出した無味乾燥なグラフを見せられて、しかめっ面のリーダーに詰められるよりもよっぽど楽しい。

達成会には2種類ある

前項では営業部隊など、会社組織の前線で戦うチームメンバーの盛り上げ方について書いてきたが、**忘れてはいけないのが、どのような企業でも必ず存在する、戦闘部隊を支えるバックオフィスの人たちだ。**

多少乱暴な言い方ではあるが、フロントで前線に立つ営業部隊というのは、ドーンと盛り上げて士気を上げれば成果につながる。そして成果が上がれば、ボーナスや昇給といった「わかりやすいかたち」での対価も得られる。しかし、彼らを裏で支えるバックオフィスの人たちは、懸命に営業部隊を助ける仕事をしてくれていても、なかなかほめられもせず、給与面でも大きなリターンは得にくい。

このような人たちに対して、リーダーが「仕事だから当然でしょ」と冷ややかな態度で接し、とりたててほめることもしないというのはNGだ。

営業に比べて、バックオフィスの仕事は地味ではある。しかし、一見、売り上げ数字は上がっていても、事務作業が苦手だったり、決められた期日を守らなかったりと、バックオフィスに迷惑をかけている営業社員は少なくない。そんな営業社員のミスを懸命にカバーしてくれるバックオフィスの人たちがいてはじめて、営業セクションの仕事は成り立っているのだが、そこにあまり目が向かないリーダーは多い。

私自身、営業部隊を率いていた時にはそんなバックオフィスの苦労がわからなかったし、自分から進んで目を向けようともしなかったわけだが、ある時、バックオフィスで働く女性社員から日ごろの苦労を聞いて、やっと気づくことができた。

こうした苦労を知った時、上司が絶対にやってはいけないのは、バックオフィスに面倒ばかりをかけている営業社員を呼び出して、「なぜルール通りにやらないいんだ！」と叱りつけることだ。

これでは逆に、フロントの営業社員が萎縮してしまい、かえって売り上げが下がってしまいかねない。

もちろん、あまりに度が過ぎるようだと注意することも必要ではある。ただ、より優先すべきは、**バックオフィスのメンバーに、「みんなの頑張りのお陰で仕事が進んでいるよ、本当にありがとう」という感謝を伝え、一緒においしいものでも、食べに行くことだ。**

営業部隊の達成会がとことん盛り上げて、その成果を祝う祝勝会であるとすれば、バックオフィスの部隊に関しては日ごろの頑張りに感謝する、一種の「お疲れさま会」になる。

こうした会を折に触れて実施していると、営業部隊、バックオフィス双方のチームともにムードが良好になるし、メンバーはそれぞれ次の目標に向かって「さあ、頑張ろう」という気分になるものだ。

リーダーに必要なのは日ごろからのこうした良いムードづくりである。

POINT
チームが成果を上げる土壌を整えるために、リーダーが盛り上がりをつくれ。

上司力改革 9

人間関係を良くする→割り切る

「いい人間関係」は目標達成の単なる手段

「アマは和して勝ち、プロは勝って和す」とは、プロ野球の名監督だった三原脩《おさむ》さんの言葉である。アマチュアが互いに協力しながら一丸となって勝利を目指していくのに対し、**プロはもともとがプロの集まりなのだからそれぞれが責任を果たすことで勝利し、勝ち続けることで選手たちの心が1つになっていく、**という意味だ。

これは球界だけの話ではなく、会社組織で働くリーダーにとっても同様である。お金をもらって働くプロの集団である以上、リーダーの仕事は組織目標をいかに達成するかであり、人間関係を良くするために心を砕くことではない。

もちろん人間関係が悪いよりはいい方がいいに決まっているし、**リーダーは部下から嫌われるよりは好かれる方がいい。だが、それらはあくまでも目標を達成するための一手段であって、目的にしてはいけない。**リーダーがやたらとチーム内のコミュニケーションを良くしよう、人間関係を円滑にしよう、とそのことばかりに気をとられ、肝心の目標を達成できなかったり、ビジネス上の勝負に負けてしまったりしては何の意味もない。

ビジネスの現場でしばしば間違いやすいのが「手段」を「目的」ととらえてしまうことだ。たとえば中小企業などでＩＴ化を推し進めようとパソコンやスマホを全社員に持たせることで目標を達成したような気分になるが、それらはあくまでも手段に過ぎない。にもかかわらず、いつの間にか目的にすり替えてしまい、それを実現しただけで満足してしまうことがある。手段に夢中になり過ぎると肝心の目的がどこかに行ってしまうのである。

「部下との人間関係を良くする」ことについても同じことが言える。

リーダーが目指すのはみんなが和気あいあいと仕事をする「仲良しクラブ」をつくることではなく、部下ひとりひとりの知恵を引き出し、課せられた目標を達成することだ。たしかに今の時代、リーダーが率いるチームの人材は多様化していて、チームをまとめる難易度はより一層高くなってきているが、だからといってチームの人間関係を良くすることばかりに気をとられていては肝心の目標達成ができなくなってしまう。

人間関係の良さや、リーダーの人望などといったことは目標達成のためのツールに過ぎないのだから、くれぐれもそれらを目的と勘違いして勝負に負けないようにしたい。

プロは和して勝つわけではない。勝つことではじめて和すことができる。

年上部下には「教えてください」の建前で臨め

最近のリーダーは、かなり難しいマネジメント上の問題を抱えている。その1つが「年上部下」だ。

今や5歳、10歳、あるいはそれ以上年上の人が部下になるケースも多い。年功序列によらず、その人物の持つ能力への「期待」を示す一手段としての抜擢人事が盛んに行われるようになったことに加え、定年年齢の延長や再雇用制度、役職定年の導入などによって、「シニアの一般社員＝年上部下」が増えたからだ。その結果、以前は部長をしていた人が自分の部下になるという現象も起きているのだ。

中には「年上の働かないおじさん」や「元○○の神様」のような人もいて、「年下のリーダー」にとっては何とも厄介な存在である。私自身は「年上か否かは、仕事とは無関係」と思っているし、年上だからという理由でビビっていることが相手に伝わるのは、絶対によくないと思っている。

「年上部下」だからといって、みんなが同じわけではない。中には「田端さんはすごい人だから、自分の上司になるのは全然かまわない」と思っている人もいれば、「何であんな奴の下で働かなきゃいけないいんだ」と思っている人もいる。それを無視して「あの人は年上だから」というたったそれだけの理由でこちらの態度を変えたり、まるではれ物に触るように気を遣ったりすること自体が不自然だ。

理由は簡単で、たとえば異性の部下に対して、「彼はイケメンだから」「彼女は美人でスタイルがいいから」という理由で態度を変えるなどというのは、リーダー失格である。また同様に「あの人は年上だから」という理由だけで態度を変えるのもご法度だ。

とはいえ、「自分が上司なんだから、年上だろうが何だろうが、とにかく自分の言うことを聞け」と必要以上に偉そうにするのもリーダーとしての資質が疑われてしまう。

ではどうすればいいかと言うと、たとえば、上司として着任してすぐに1対1での面談を設定し、年上部下には、次のように伝えることだ。

「今回、リーダーとして着任することになりましたが、私よりAさんの方がずっと経験豊富ですから、私に『ここはこうした方がいいのでは』といったアドバイスやアイデアがあれば、いつでも遠慮なくおっしゃってください。皆さんの知恵を集めて全員でよりいい仕事をしていくためにも、特にAさんにはアイデアやアドバイスをお願いしたいと考えています」

メンバー内で明らかに自分のことを気に入っていない部下がいる場合（こういうものは、えてして雰囲気でわかるものだ）に、話しかけることさえ気が重いというリーダーの気持ちはよくわかる。

しかし、そのような相手に対しても**「組織の目標を遂行するためには我々全員が力を合**

わせることが大切で、そこには、年上も年下もない。いいアイデアがあれば何でも提案してほしい」という「反論が不可能な建前」を押し通すことは、絶大な効果があるのだ。

リーダーに求められるのは、チームメンバーの経験、見識などを活用して、全員で組織の目標を達成することだ。チームというのはそのために集まっているし、リーダーもそのためにいるわけだから、その目標を達成するうえで「どっちが年上で、どっちが年下か」はまったく関係がない。

「年上部下」というとそれだけでビビってしまう人もいるが、部下という点では年上も年下もないし、男性も女性もない。**組織目標の前では全員が平等であり、チームの力で組織目標の実現に向かわなければならないという当たり前のことを当たり前に貫く**ことができれば、年上部下にビビる理由はなくなるはずだ。

POINT
年上部下に「目標達成のために建設的なアドバイスを」と伝えることで、チームはうまく機能する。

第3章

リーダーは解決策を持たなくていい

上司力改革10

問題を解決する示唆を与える

答えなんて、ハナからわかるわけがない

「部下と話し合うのはいいが、『どうしようか』と丸投げで聞いて、部下が言うのをそのまま『それはいい』と言って取り入れるぐらいなら、君は部下と交代しなさい」

これは、とある経営者が部長や課長にいつも言っていた言葉である。

部長や課長の中には自分の仕事は「部下に指示する」ことであり、自分で考えることをほとんどせず、すべて部下に丸投げして、上がってきたものにあれこれ注文さえつければいいと思い込んでいる人もいる。

このように思考プロセスをすべて部下に丸投げするような上司は、はっきり言って不

要であり、そんな上司なら部下と交代した方がよほど会社のためになる、というのがこの経営者の考え方だ。

また、「自分自身に答えのない指示はするな」と言い切る経営者もいる。自分にそれなりの答えがない場合、部下の言ってきたものをそのまま丸呑みにするほかはなく、それでは上司の役目を果たしたことにはならないというのである。

この2人の経営者に共通するのは、上司は自分で考え、自分なりの答えを持ったうえで部下に指示をするべきだ、という視点だ。その観点からすると、上司は既に答えを知っている教師のような存在で、部下の役目はいかにその答えを導き出すかにある。そして部下の答えは上司のそれをはるかに上回るような答えでない限り、上司の考えた答えに沿った仕事をする流れになる。

たしかに、師匠と弟子の関係ならば師匠の言うことは絶対だ。師匠は弟子の言動について「それは正しい」「それは間違っている」とはっきり言い切ることができる。あるいは、明確な判断基準があれば、「君の言うことはこの基準から見てちょっと間違っている」などと言えるかもしれないが、**私がこれまで経験してきたホワイトカラー的な頭**

脳労働の世界では、取り組みはじめた初期段階では「上司も答えを知らない」ことがしばしばある。そのような中では「上司は答えを持たない指示はするな」というのは、かなり無理がある。

たとえば、あなたはコンサルティング会社でマネージャーをしている。新型コロナウイルス感染症の世界的な流行により苦境に立たされている旅行業界や航空業界から「会社を立て直すにあたって、どんなキャンペーンをしたらいいか、斬新なマーケティング提案をお願いします」という依頼があったとしよう。

これは非常に難しい課題だが、うまくいけば日本中の旅行会社や鉄道会社、航空会社などからの依頼が殺到するだけに会社としては何としても成功させたいプロジェクトになるだろう。

会社から重要な任務を受けたリーダーは、自分のチーム内でも選りすぐりの部下に仕事を任せることになるが、この段階で、上司の頭の中に「答え」があるのかというと、それはない。

ビジネスの世界には「たいていの仕事には前例がある」という言い方がある。たとえば、新入社員にとってはまったく経験のない仕事であっても、それは1年前にも2年前にも新入社員が経験した仕事である場合、前例もあれば、実際に経験してきた先輩もいる。前例を調べて、先輩に話を聞けば、たとえ自分自身は未経験の仕事であっても、うまくやることができる、という意味だ。

会社にいれば、このように自分にとっては「はじめての仕事」であっても、必ずと言っていいほど「似た仕事の経験者」がいて、先人から学ぶことではじめての仕事もミスなくしっかりとやり遂げることができる。自分の経験のなさを補い、失敗への恐れを拭ううえでも「前例に学ぶ」というのは重要である。

しかし、今起きているコロナ禍という人類史上初とも言える状況下で、航空会社や鉄道会社は「どうすべきか」という提案を考えるとなると、話は別だ。

こうした場合、基本的には前例などない。当然、上司も答えなど持っていない。上司どころか、会社にいるすべての人が答えを持っていない。**ビジネスの世界には、時おりこのような「前代未聞」のケースが発生する。その中で、どのようなプロセスで答えを**

見つけ出していくかが、マネージャーの腕の見せどころである。

解決の糸口をつかめばいい

もちろん「答えを持っていない」からといって、すべてを部下に丸投げして、上司は何もしなくてもいいということでは決してない。

こんな時に上司に必要なのは、細かな指示を与えることでも、意味もなく部下を叱咤激励することでもなく、**状況に応じたサジェスチョン（示唆）を与えることであり、時には「一緒に考える」ことだ。**

たとえば、部下がパソコンの前に座ってひたすら旅行業界や航空業界のデータばかりを見ていたとする。そんな部下に対して私なら、「過去のデータだけ見ていても、そこに未来の答えはない。なにごとも、現地・現物・現場に行くのがこういう場合の基本の鉄則なんだ！」と言って、オフィスビルの外に連れ出すだろう。

羽田空港に行ったり、成田空港近くの航空科学博物館に行ったり、あるいは飛行機に関する映画を見たりするかもしれない。そして、見学をした後に、空港にあるバーラウンジにでも寄り「子供の頃、飛行機にはじめて乗る時ってワクワクしたよなあ」などとワインを片手に語りながら、「これまでの人生で経験した、旅行や飛行機にまつわる最高の瞬間って、どんな瞬間だった？」などと、思い出話をチームでしてみたりもするだろう。

そんな会話の中から、若手の社員が、コロナで暇なキャビンアテンダント（CA）と、この前、合コンしたとでも聞いたなら、「それは素晴らしい！　君、なかなかやるじゃないか！　今度、ディナーを奢るから、そのCAさんと同僚4～5名に来てもらって、話を聞こうじゃないか」などと、けしかけるかもしれない。「自分も何が正解かわかっていないから、ちょっと一緒に考えてみよう」とは、そういうことだ。

部下に仕事を指示した後、待っているだけでは、待ちの「丸投げ」だ。

これでは部下が上げてきたアイデアの範疇内でしかよしあしを言えなくなってしまう。第一、上司としての自分も、ただ待っていて、文句をつけるだけでは、楽かもしれないが面白くない。また、そこで「ダメ、やり直して」と言ったとして、部下から「どこがダメなんでしょうか」と言われて、「自分で考えろ」と言うのでは、それこそ「何も考えていない上司」になる。

上司は「答えを持つ」必要はないが、少なくとも部下に指示をする以上は、会社から同じ指示を受けた者として、自分なりに共に考える姿勢を見せることが必要だ。

上司の役目は部下に答えを教えることではない。部下の考える力を引き出し、上司を超えるほどの最高の答えを出させることだ。その一助となる気付きや示唆を与えつつ、もしプロジェクトが失敗したら、上司である自分が責任をとる！　だから、君が正しいと思うようにやってみろと、「攻め」の丸投げをすることこそが、知識労働で部下から最高のパフォーマンスを引き出す、これからの上司の役割なのである。

POINT

問題解決の答えを持って臨む必要はない。その代わりに、糸口をつかめるよう、部下に示唆を与える。

上司力改革11

論理的に考え、決断する→土壇場で感覚に頼る

マネジメントはスポーツである

ビジネスというのは、「アートかサイエンスか」で言えば、「アート」だし、ペーパーテストよりもスポーツや音楽に近いというのが私の持論だ。

学生時代を振り返ると、就職活動で体育会系の学生が優遇されたり、体育会系の学生を好んで採用したりする企業が存在したものである。

「今どきの会社って、ほとんどデスクワークなのに、体育会系の人材を採用してどうするんだろう?」と、私自身疑問を感じたこともあったが、社会人になって経験を重ねる

につれて、合点がいった。

体育会系の人材がビジネスの現場で重宝される理由の1つは、「実際のビジネスは、入試のようなペーパーテストよりも、チームスポーツによほど近い」からである。学生時代に誰もが受けたペーパーテストというものは、学校でそれまで勉強してきたことをベースに出題されるし、必ず正解がある。

他方で、ビジネスというものは先述したように、リーダーでさえも「何が正解か」がわからないままに部下に仕事を指示することもよくある。「正しい答え」がわからない中で懸命に考えて、選択した行動を、事後的に何とか正解にしようと努力する世界、それがビジネスなのだ。

もちろん、論理的に考えていくことも必要ではあるが、ペーパーテストと違って「唯一絶対なる正解」が存在しない以上、要所要所では自分の感覚やセンスを頼りに決断する場面が否応なしに生じてくる。本項の冒頭で、ビジネスは「サイエンスというよりアート、スポーツ、音楽だ」と言ったのは、こういうわけである。

さらに体育会系出身者というのは、どんなスーパースターであっても必ずある時期には下積みを経験し、「もう二度と戻りたくない」というほどの厳しい練習に取り組んできている。そうした中で、もちろんたくさんの負けも経験している。

ある有名なアスリートが「私は勝つことで強くなったんじゃない。負けることで強くなったんだ」と言っていたが、それほどにスポーツの世界には「負け」がつきものであり、負けることで強くなってきた経験を持つ分、人生で苦汁を飲んだ経験に乏しいペーパーテストが得意なエリートの優等生の秀才よりもはるかに失敗を恐れず挑戦できる。

また彼らは、**頭で理解していても本番で身体が動かなければ意味がない、**ということも経験上、熟知している。アスリートが普段から厳しい練習に励むのは、練習でできないことが本番でできるはずがないということをわかっているからだ。練習でぎりぎりまで追い込む経験をしているからこそ、本番で「あと一歩」の頑張りができるのである。

同様に、ビジネスにおいても「頭で理解している」ことではなく、「その場で実際にできる」ことがやはり重要だ。

たとえばAppleの創業者・スティーブ・ジョブズは、若いエンジニアに対してしばしば「君たちは技術と文化を融合させるアーティストだ」と言っていた。またジョブズは、「仕事はチームスポーツなんだ」とも言って、才能ある人材同士が手を携えることの大切さを説いていた。そんなジョブズが最もビジネスの理想形として思い描いていたのがビートルズだ。次のような言葉を残している。

「私のビジネスモデルはビートルズだ。4人はともに自分のマイナス面をセーブし合っていた。互いが互いを補っていたのだ。4人がまとまることで、個々の力を足した以上の力を発揮することができた。ビジネスの世界でも、偉業は個人によって成し遂げられるのではない。チームがまとまることで達成されるものだ」

ビジネスの成功を決定づけるのは、ペーパーテストの優等生の集団ではない。個性溢れるアーティスト集団を1つのチームとしてまとめ上げ、総力を結集することのできるリーダーなのである。

信頼できる部下は「抜き打ちテスト」で見抜け

エンジニアをアーティストと呼び、仕事はチームスポーツだと信じていたジョブズが滅茶苦茶厳しいリーダーであったことは周知の事実だ。ジョブズとたまたま同じエレベーターに乗り合わせた社員がジョブズからの突然の質問にうまく答えることができず、エレベーターを降りる時にはクビを宣告されたという逸話も存在するほどである。

この逸話だけ見れば、あまりにシビアな暴君に映るかもしれない。

しかし、仮にその質問がジョブズによる「抜き打ちテスト」だと考えてみると、合点がいく。**リーダーは時に、唐突な抜き打ちテストでチームメンバーの能力や信用度を推し量るものである。**

私がとある社長にはじめて出会った時の話である。

業界では、とても有名な方で、私もその社長が出した著書は何冊も読むくらい、尊敬している人だった。その方から、私が以前に在籍していた企業のトップについて「田端君、彼の部下だったんだよな?」と聞かれた。

自分のかつての上司である。当然のごとく「はい」と答えると、その社長はなんと、私の元上司のことを散々批判しまくり、「彼に、かくかくしかじか、こんな不義理をされたんだけど、君はどう思う?」と聞いてきた。

私はあまりのことに面食らってしまい、「そんなことがあったとは知りませんでした。最近は私自身あまりご連絡を差し上げていませんが、部下として一緒に仕事をしていた時は、仕事がしやすい社長だったんですけどね。人間、いろんな面もあるもんですね。あはは」と返すのが精いっぱいだった。


その時のことは強烈に印象に残っていて、「どうして出合い頭に、あの社長は、あんなことを私に聞いてきたんだろう」とずっと考えていたが、ある日、はっと気がついた。**「あれは俺の人間性チェックだったんじゃないか」と思い至ったのだ。**

あの時の私と同じような質問をされた人の中には、もともといた会社のことやトップについて、目の前の偉い人である、その社長の発言に、つい調子を合わせて悪く言ってしまう人もいるはずだ。そのような人間を見て、彼はどう感じるだろうか。

「俺に媚びて、こいつは元上司を裏切るんだな」と受け取るのではないだろうか。そして心中で密かに「こいつは信用するに値しない奴。俺に媚びて元親分を裏切る人間なら、次は俺が裏切られるかもしれない」と烙印を押し、二度と自分から関わることはないかもしれない。リーダーの抜き打ちテストにはそんな怖さもあるのだ。

私自身も、しばしば部下に対して抜き打ちテストをしていた。

ある会社の役員時代のこと。夏休みで海外のビーチリゾートでプールサイドにいた。「暇だな」と思ってスマホを開いたところ、業務連絡が頻繁に行われるＬＩＮＥグループでの、若手社員間でのちょっとしたやり取りが目に入った。お客さまに対しての対応方針を巡るやり取りだったが、その中に「えっ」と思うような言葉遣いがあった。

そこで、普段はまず会話に参加しないＬＩＮＥグループにいきなり登場して、「今のその考え方はどうなの?」と問いかけた。すると、途端に、頻繁に会話が飛び交う、ＬＩＮＥグループがシーンとなってしまった。

数分後、私をよく知る古参のマネージャーから「田端さんがああ言う気持ちもわかるし、たしかに正論です。でも、現場の細かいことにいちいち口を出されると、若い社員が萎縮してしまいます。今、私の目の前で、田端さんの指摘にどう答えるべきか？　の会議が始まってますよ。せっかくの夏休みなんですから、余計なことはせずに、おとなしく海を見ながらビールでも飲んでてください！」と1対1でのLINEメッセージが来た。

私は苦笑しつつ、「まあ、わかってくれればいいよ。余計なお節介ですまんかった！」と答えて、そのやり取りはそこで終わったが、こうした**抜き打ちテストに部下がどう反応するか、どんな受け答えをするかを見れば、その部下が本当に信頼に値する人間かどうかがよくわかる。**

抜き打ちテストなんて、部下からしたら嫌で仕方ないものだ。

普段は清掃に気を配り、丁寧に掃除をしている飲食店で、たまたま本社から偉い上司が来た時にたまたまゴキブリが1匹出てしまえば、「普段は清潔に気をつけています」という言葉は途端に白々しくなってしまう。

普段はきちんとお客さまへお辞儀をして接客しているお店で、上司が来た時に限ってろくにお辞儀もせず、お客さまの悪口を店員同士でしているところを目撃されたら、

「普段はちゃんとやっています」と言い訳をしたところで決して信用されることはない。

リーダーは部下の一挙手一投足すべてを管理監督する必要はないし、そもそも不可能だ。しかし時には、こうした抜き打ちテストをすると、部下の力量や、信頼できるかどうかを、かなりの高い精度で見極めることができる。そして、どのようなタイミングで現場に介入し、彼らのモラル、能力を判断するか？　これは、上司としての長年の勘と経験に支えられた門外不出の秘伝のタレのようなものである。

POINT

本当に信頼の置ける部下は、急な抜き打ちテストを行い、その場での反応を見て見極めろ。

上司力改革 12

責任を全うする
演技力を磨く

ビジネスの有事には「役者」が必要

リーダーの役目は部下に仕事を任せ、部下の力を引き出すことで目標達成することだが、それと同時に、**目標未達の際、あるいは部下が何か問題を起こした際には、最終責任を負う覚悟も求められる。**

私はある会社で執行役員・事業部長をしていた時、営業チームの予算が未達の時に、自分の側から減給を申し出た経験がある。

目標を達成するために、部下に厳しくプレッシャーをかける以上、まずはリーダーである自分自身が「身を切る覚悟」を示してはじめて、部下に真剣の本気度が伝わると考えたからだ。上司たるもの、自らの「減給」ですら、社内にメッセージを伝えるための材料として利用すべきである。

リーダーとしての責任のとり方は、まずは、「これは私の責任です」と自分の口で言うことが第一のステップだ。

当然、部下が起こした問題が発覚するまで何も知らなかったということもある。そうした時、本心では「俺は何も知らなかったし、俺に責任があるの？　悪いのは部下でしょ？」と誰しも思うものだ。

もちろん私自身、これまでの経験を振り返り、自分の胸に手をあててよくよく考えても「俺個人はまったく悪くない」としか思えないこともあった。

しかし、リーダーというのは、その部門で起こったことに関しては、たとえ理不尽に感じるものであっても自分に全責任があると考えてしかるべきだ。

なぜなら、そうした厳しい状況を収めるためには、誰かが代表者として、けじめをつけなければならず、その役割を負うのがリーダーであるからだ。対外的なお詫び訪問や記者会見なら、**「俺の名演技を見ておけ」くらいの姿勢で堂々と謝ってこそ真のリーダーだ。**

一例を挙げよう。

この数年、Uber Eatsの配達人が自転車で配達中に歩行者をはねてケガを負わせるといったニュースをよく耳にする。Uber Eats側から言わせれば、配達人は個人事業主であり、会社には責任がないということで、Uber Eats側が謝罪をすることは一切ない。

これはたしかに法律論としては正しい。しかし、普通の感覚として、Uber Eatsを代表した会社の人間が、菓子折りの1つでも持ってケガをした人を一度くらいはお見舞いに行くべきだろう、というのが大人の常識であり、誠意というものだ。

相手の心情に寄り添った対応をするだけで会社に対する世間の見方は大きく変わるし、ケガをした人の気持ちもずいぶんと救われることになるはずだ。

リーダーの謝罪も同様である。チームメンバーが起こした問題についてまったくあずかり知らなかったとしても、「俺は関係ない」と言うことは許されない。こうした状況下で「私の責任です」と公言し、頭を下げるという「名演技」ができてこそ、一流のリーダーだ。

「申し訳ありません」だけが謝罪じゃない

ただし、頭を下げるとか謝ることは必要でも、その場合の「言葉遣い」には細心の注意を払う必要がある。

たとえば、Uber Eats の担当者がケガをした人のもとを訪ね、菓子折りなどを渡してお見舞いをするのはいいが、その際、「この度は大変申し訳ありませんでした。今後につきましてはご意向に応じて、弊社として誠心誠意、最大限の対応をさせていただきます」とまで言ってしまうと、どうなるか。場合によっては膨大な賠償金を求められるかもしれない。

かといって、「当社には何の責任もありません」と見舞いにすら行かないのは非常識である。

この場合は、お見舞いに行ったうえで、「この度は、お見舞い申し上げます。本件に関して、事故に遭われて、お気の毒に思っております」と言うくらいが適切だろう。「大変、申し訳ありませんでした」とまで言うのとは大きな違いがある。こういう重大クレームの場面で、どの程度の対応が、ちょうど良いバランスなのか？　の判断は場数が問われる。**リーダーは「名演技」だけでなく、「言うべきセリフ」の細部にまで心を配ることが重要だ。**

たとえば選挙に立候補して落選した候補者がよく口にするセリフが**「すべて私の不徳のいたすところでございます」**だ。

本来、選挙の敗北は候補者1人に責任があるわけではない。たくさんの支援者がいて、運動員がいて、支えてくれる政党などもあるだけに、たとえば政党のイメージが良くなかったとか、運動員が思うように動いてくれなかったなど、さまざまな理由があるはずだが、選挙結果が出た後に、そんなことを言ったところで何の意味もない。誰も得をしないからだ。

だとすれば、関わってくれたすべての人への感謝の意味も込めて、「すべて私の不徳のいたすところでございます」の一言で「私の責任」を強調した方がいい。そうすれば、周りも「君はよく頑張った、俺たちにももうちょっと、何かできることがあったかもしれないな」と慰めてくれるはずだ。


ある国会議員の秘書を務めた人曰く、支持者からの依頼は、結構ヤバめなものも含めて基本的にはすべて受けるという。もしここで「そのようなものは受けられません」と正論を振りかざすと、途端に議員のイメージが悪くなってしまう。だから、一旦は「わかりました」と受けて、実は何もしないでおく、という手法だ。

中には当然、支持者の要望がかなわないこともある。そんな時には支持者を前に「今回は私の力不足でした。ただひとえに私の責任でございます」と自分の責任を強調して伝える。すると、最初は怒っていた支持者も後ろめたさがあるだけに、それ以上は言わなくなるという。

このように**謝罪一つとってもいろんなやり方があるし、「申し訳ありませんでした」と言うだけが能じゃない。**その場その場に応じた適切な「言葉」の使い分けと、八方に目配りと気配りした演技力が重要だ。負け戦の撤退戦、火消し役こそベテラン上司の真価が問われる場面なのだ。ベテラン上司の諸君は、気が重いと嫌がらずに、「見せ場が来た！」と奮起してほしい。

POINT
リーダーは最終責任を全うする時、発する言葉の端々にまで意識を向ける。

上司力改革13

冷静沈着であれ ハートに火をつけろ

ハッタリも貫き通せば真実になる

リーダーには危機に際して「どうすべきか」を冷静に判断する力も欠かせないが、とはいえいついかなる時にも冷静沈着である必要はない。

リーダーは時に「ハッタリをかます」くらいの演技ができてはじめてチームをまとめることができる。

私がリクルート時代、創刊に深く関わったフリーペーパー『R25』は首都圏全域に、買えば300円くらいする、内容が充実した週刊誌クオリティの紙メディアを、無料で60万部、週刊で配布しよう、というまったく新しい試みだけに、取締役会が創刊のゴーサインをなかなか出さずにいた。

刊行の条件として挙がったのが、『R25』すべての広告ページを取引先である広告代理店が1年間、買い切ってくれることだった。1ページ100万円の広告費で、毎号20ページ、1号あたり約2000万円として、年間50号なら約10億円になる。この保証がない限りゴーサインは出せない、というのが会社上層部の考えだった。

一方、取引先の広告代理店にしてみれば発行元のリクルートがリスクをとり、正式に創刊発刊することを決定してはじめて本格的な広告営業活動に入ることができる。『R25』に企業が広告を出すか否かは、実際に営業活動をしてみないことにはわからない。たしかに経営視点で考えると、ふたをあけてみないとどちらに転ぶかわからないような新規メディアに、年間約10億円もの買い切り保証など、簡単にできるはずもない。自分たちに「保証しろ」という前にまずはリクルート自身がリスクをとれというのが広告代理店サイドの言い分だった。

このままでは『R25』を刊行できなくなってしまうという土壇場に立たされた時、助け舟を出してくれたのが田中耕介さんだった。一体どうしたか。

なんと**田中さんは、リクルートの経営陣と、広告代理店の双方に対して同時にハッタリをかますという、離れ業のような芸当をやってのけたのである。**

広告代理店に訪問したうえで「今日の午前中の取締役会で創刊が決まったので、どうぞ安心して営業をしてください」と伝え、リクルートの取締役会では「広告代理店の営業担当は既に動いており、広告主の反応がすごくいいからと、先ほど、全ページを買い切りたいという連絡がありました。だから創刊を決めましょう」と伝えたのである。

私は横で聞いていて正直、「そんなことを言って、本当に大丈夫なのか？」と不安になったし、同時にハッタリを堂々と言ってのける田中さんの態度に思わず吹き出しそうになったものだ。会議の後、私が田中さんに「大丈夫なんですか？」と尋ねると、田中さんはこう言った。

「いざとなったら俺がクビになったらええねん。田端。お前までクビにはならんわ」

この田中さんのハッタリがあったからこそ前代未聞のフリーマガジン『R25』は晴れて世に出ることができた。

別の時にも田中さんはハッタリで私を救ってくれたことがある。

社内の役員会向けの報告会議で、「この広告営業の進捗状況で、本当に成功するのか？」と私が厳しく詰められていた時、田中さんはこう言ってくれた。

「僕はリクルートに入社して営業人生17年、クオーターが68回ありましたが、62勝6敗と、勝率は9割を超えています。そんな僕がついているんだから、田端は絶対大丈夫です。皆さんは、僕のことを信じないんですか？」。これまた強烈だ。

その場にいた役員の1人が「じゃあ、いいけど、田中、お前そこまで啖呵を切ったのをよく覚えておけよ」と言うほどの迫力あるハッタリだった。

この時も私が「あんなに大風呂敷を広げちゃって大丈夫なんですか？」と後で尋ねると、返ってきたのは「いざとなったら俺がクビになったらええ。田端、お前は大丈夫だ」だった。

私自身、会社員人生を通じてこの田中さんの啖呵ほど、部下として、心が痺れた瞬間はなかった。

上司は普段は穏やかで冷静沈着であるべきだ。しかし、困難な状況にぶつかった時に問われるのは人としての胆力の差ではないか。胆力、気力、気迫のある上司ほどいざという時に頼りになる存在はない。

部下の心に火をつける

「上司に必要な資質とは何か」を私に教えてくれたリクルート時代のもう1人の上司が峰岸真澄さんだ。その後峰岸さんは、リクルートホールディングスの社長となり、会長となる。現在のリクルートをつくった「中興の祖」とも言える伝説的な上司であり、経営者である。

峰岸さんは『R25』の創刊準備を進めていた際の担当常務だったが、峰岸さん自身は最初の頃はそれほど乗り気ではなかった。それでも、「首都圏で無料の週刊誌を60万部もばらまく」ためには『R25』を置くために、他の事業部門が街中に持っているラックを利用させてもらうことが必要であり、その事業部の役員を説得するためには私たちも担当役員の峰岸さんの力を借りることが不可欠だった。

ところが、私たちの「ラックを貸してください」という依頼に対し、先方の役員は手にした『R25』を投げ捨てて、「こんなもの、うまくいくわけないだろう」と吐き捨てた。理由はこうだ。自分たちのラックは、営業社員ひとりひとりが靴底をすり減らして地道に開拓したものである。そんな貴重なラックを「こんなうまくいくはずのない負け戦のために貸すわけにはいかない」というのである。

そこに僕の盟友であり、一緒に『R25』をやっていたチームメイトのKさんがこのように指摘した。「お言葉ですが、そのラックを開拓するためにかかった社員の人件費や、ラックの置き場所の賃料は、会社の経費であって、あなたのポケットマネーじゃないですよね？　リクルートの会社を代表して、取締役会が創刊を決議した事業に、なぜ、役員であるあなたは協力を拒むのですか？」

まさに正論だった。しかし、生意気な若者から正論を言われて、カチンときたのか、鬼の営業マネージャーで有名だったその役員は怒髪天を衝く勢いで激怒した。その怒りたるやすごかった。私自身これまでのビジネス人生を通じて、ここまで怒った人は見たことがないと言うほど、すさまじいものだった。

相手が烈火のごとくキレているあいだ、峰岸さんは一言も発することなく、ただ黙って聞いていた。

その帰り道のことである。峰岸さんが急にこんなことを言い出した。

「お前ら、悔しくないのか？」

私たちが「悔しいです。だって全然理屈になってないじゃないですか」と答えると、こう言った。

「俺も悔しい。この事業、絶対うまくいかせてやるぞ。絶対だ」

それまでは担当役員が峰岸さんと言われても、峰岸さん自身があまり乗り気ではなかっただけに、私たちも冷ややかに見ているところがあったが、この時の**「滅茶苦茶理不尽に怒られる」という共通体験をしてはじめて、私たちは峰岸さんと心が1つになった気がした。**

その日以来、それまでは週に1回だった進捗報告が、毎日、夕方には峰岸さんから私の携帯に電話がかかってくるようになった。常務が自ら平社員に電話をかけて売り上げ状況を聞くなど考えられないことだったが、毎日、「今日はいくら広告が売れたんだ？」と受けながら、私自身峰岸さんの本気を感じることができた。

熱意は人から人に伝染する。『R25』はもともと、私の無謀な熱狂から始まったプロジェクトだったが、それがみんなに伝わり、田中さんや峰岸さんといった上の人間の熱意と重なり合うことで本物の熱狂に変わることになった。

上司は万能である必要はないし、部下への指示についていつも解決策を持つ必要はない。しかし、**「ここぞ」という場面では強い決意と情熱を持って事にあたる必要がある。**そんな上司ならば部下は絶対に信頼するし、上司と一緒に難しい課題にも率先してあたる気概を持つようになるのだ。

POINT

部下から絶対的な信頼を集めるには、重要な局面ではリスクをとって臨む姿勢を見せること。

上司力改革14

リスクを回避する→大勝負で「賭け金」を上げる

いかに大勝ちさせるかが、腕の見せどころ

上司の重大な役目に、「右か左かの判断がつかない状況下で、どの道を選ぶかを決める」というものがある。

一方の道を行けば絶対的な成功が約束されているとか、もう一方の道を行けば間違いなく失敗すると事前に見通しが立てば判断はたやすい。しかし、ビジネスの世界では満場一致で「Ｙｅｓ」と言うような意思決定は、たいていの場合、既にタイミングが遅過ぎるのだ。

むしろ「Ｙｅｓ」と言う人よりも「Ｎｏ」と言う人が多いくらいの方が、大きな成功を手にできる確率が高いが、そこには少なからず失敗する可能性がつきまとうだけに、上司としてその道を選ぶにはかなりのリスクをとることになる。

結果として、世の中のほとんどの上司は負けるリスクを回避するために、無難な選択肢を選ぶことになる。たしかに失敗はしないかもしれないが、得られるものは非常に少ない。

何が正解かが見えず、選択肢のいずれを選んでも失敗するリスクがつきまとう場合、一体、上司はどのような基準で判断すればいいのだろうか。ここで参考になりそうなエピソードを紹介したい。

私がリクルートを辞めてライブドアに転職した2005年4月当時は、堀江貴文さんがまさに「時代の寵児」として脚光を浴びていた時だった。しかし、そこから徐々に雲行きが怪しくなりはじめ、転職から1年も経たない2006年1月、堀江さんは逮捕されてしまった。

それまで堀江さんやライブドアを散々持ち上げてきたマスコミの論調も一斉に手のひらを返し、ライブドアはもはや「未来のない会社」という烙印を押されてしまった。社員の退社も後をたたなかったが、私自身はなぜか、辞めようとは考えなかった。

逆に、**「ライブドアが潰れかかった今の状況こそ、俺にとってはおいしいかも?」**と考えたのだ。その理由はこうである。

たとえこのまま会社が潰れて、取引先や株主から総スカンを食らっても、それは私の責任ではない。堀江さんや、堀江さんを逮捕した東京地検特捜部には責任があるかもしれないが、田端信太郎という個人が責任を問われることはない。せいぜいニートになるくらいのことである。

さらに、こうも考えた。

みんなが会社から逃げ出す中、自分だけが残って、その後会社を見事に立て直したとしたら――? 周りの大企業の事例を見渡しても、危機に陥った子会社や事業部門を見事に立て直した立て役者が、その後、大いに出世した、ということもある。

勤め先企業が危機に陥っても逃げ出さず、困難に立ち向かった人は必ず高評価を得る。「あのライブドアの再建に力を尽くした」という評価を得れば、私個人のキャリアの値打ちは一気に跳ね上がるだろう。そう考えた私は、職を辞することなく、会社再建に身を投じようと決心したのだ。

ローリスク・ローリターンの打ち手を選んだところで、得られるものはほとんどない。そんなのは誰でもできることだ。

やるならハイリスク・ハイリターンの勝負に出るべきと言うのは簡単だが、目の前にいくつかの選択肢があり、どれを選んでも何らかのリスクがある場合、いつも必ず百発百中で正しいジャッジができるということは絶対にない。それでも「これを選べば面白いことになりそうだ」という勘が働いたら、そこで一気に賭け金を上げて勝負に出ればいい。世の中には、よく考えてみると、ミドルリスク・ハイリターンのような話もあるものだ。

勝ち負け自体の勝率を上げるのは、現場のプレイヤーの仕事だが、賭け金をコントロールするのは、上司の仕事だ。そして賭け金のコントロールさえうまくいけば、3勝7敗くらいの勝率でも、トータルの収支では勝ち越すこともできる。

自分の手持ちのカードを上手にやりくりしながら、ここぞ！　という時に賭け金を吊り上げ、良いカードを切り、少ない勝利から取り分を最大にするのが上司の役割だ。

五分五分の勝負では、自分の胸に手をあてろ

もちろん中にはどんなに考えても、どちらが正解か判断できず、自分でもどちらを選べばいいかわからないという判断もある。

そんな時には**「どっちが得か損か」ではなく「自分は誰のために、何のために、仕事をしているのか」を問うことが必要だ。**そして、さらに結果の評価は、歴史の審判が下すだろう、くらいにまで達観してしまえば怖いものはない。

京セラを創業し、その後、ａｕのブランドで知られるＫＤＤＩの創業や、経営危機に陥った日本航空の再建などに辣腕を振るった稲盛和夫さんはこうしたリスクの高い難しい決断に際しては、毎晩ベッドに入る前に「動機善なりや、私心なかりしか（その動機は果たして、自分だけではなく他者にも受け入れられるものだろうか、自己中心的な考えで事を進めていないだろうか）」と心の中で何度も問いかけることで「自分は正しいことをやろうとしている」という確信が持てた時にはじめて決断した。このように、**難**

しい判断にあたっては稲盛さんが実践してきたような「自分自身を問う」姿勢が欠かせない。

また、判断には大局観も欠かせない。幕末の江戸城無血開城を決断したのは勝海舟と西郷隆盛の２人だが、江戸を火の海にするのか、それとも潔く明け渡すのかというぎりぎりの選択を迫られる中、２人の中にあったのは「こんなことをしたらみんなから大バッシングを受ける」といった恐れや、「どっちが得か損か」といったつまらない計算ではなく、50年後、１００年後の「歴史の法廷」に立つ覚悟だった。文字通り大局観である。

同じ頃、越後・長岡藩の家老として財政の立て直しに辣腕を振るい、戊辰《ぼしん》戦争ではガトリング砲を自ら操作して官軍と戦ったことで知られている河井継之助《つぐのすけ》は次のような言葉を残している。

「地下百尺底の心をもって、事にあたる」、つまり、棺桶に入れられて地下深くに眠った後に振り返ったとしても、「良い」と言えるような行動をせよ、という意味だ。

河井の行動に関しては今もなお賛否両論あるが、少なくとも決断に際して河井は、**自**

分が死んだ後のことまで考えて、それでもなお「良いことだ」という確信を持てるかどうかを判断基準としていた。こうした河井のリーダーとしての肝の据わり方に惹かれる人は今も多い。

ビジネス上の決断においても、上司はこうした覚悟を持って臨む覚悟が必要だ。

難しい判断を迫られた時には、「自分は誰のために、何のために仕事をするべきなのか」という基準に照らして、**「自分は最善を尽くした、決して恥ずかしい仕事をしたとは思わない」と言うぐらいの強い思いを持って判断すればそれでいい。**

もちろんビジネスの世界は結果責任なので、結果として周りから批判されたり、「辞めろ」と言われたりするかもしれない。そうした批判は甘んじて受ける。

ただし、自分としては決して間違ったことや、恥ずかしいことはしていないし、その時点では最善を尽くしたのだ、という自負心があれば、決して後から悔いることはないはずだ。

いつもリスクの低い無難な決断しかしないリーダーに大きな仕事を成し遂げることは

できない。リーダーは時にハイリスク・ハイリターンの勝負に出なければならないこともあるし、周りをすべて敵に回してでも決断しなければならない時もある。そんな時、**支えになるのが「自分は恥ずかしいことはしていないし、常に最善を尽くしている」という確固たる自信なのである。**

「世の人は我を何とも言わば言え。我が成す事は、我のみぞ知る」

坂本龍馬の言葉である。

人を率いるリーダー、上司たるものかくあるべしだ。

POINT

大勝ちできるかもしれない重要な局面では、賭け率を上げて勝負に打って出ろ。

第4章

リーダーは管理してはいけない

上司力改革15

管理する↓ポーズをとる

リーダー業務は「ガス抜き」である

上司は部下を管理するのが仕事、と思っている人は多い。では上司が、部下を管理するとは、どういうことであろうか。私の持論は、部下を管理するとは、成果を引き出すために、部下に対して上司が「ポーズをとる」こと、つまりは、「演じる」ことなのだということである。

ここで私が言いたいのは、**上司が部下に対して「あなたに関心を持っているよ、あなたのことをわかっているよ」とわかりやすく示すことによって、チームの覇気は高ま**

り、ひいては生産性も高まる、ということだ。

たとえば、上司が部下の話を聞く時の姿勢について次のように言う人がいる。

「部下の話を聞く時は手を止めて、部下の方へ体を向けて聞け。すぐに話を聞く時間がないのなら、いつなら話を聞けるかをその場で約束しろ」

上司が仕事をしているところに部下が「ちょっとご相談が」とやってくる。忙しい上司はつい「後にしてくれ」と言ったり、パソコンに向かう手を止めずに話を聞いたりすることになる。すると部下はこう思うはずだ。

「忙しいのはわかるけど、もうちょっと真剣に話を聞いてほしい」

もちろん、いざ話を聞いてみるとどうでもいい内容だったり、何を言いたいのかわからなかったりすることもある。それでも、部下としっかりと向き合って話を聞くという「ポーズをとる」ことによって、部下は「ちゃんと話を聞いてもらった」と満足することになるのだ。

この通りに実行するかどうかはともかく、**「あなたの話をちゃんと聞いているよ」と**

いうポーズは常に明確に見せた方がいい。誤解を恐れず言えば、上司の仕事の7割はポーズだし、言ってしまえば、ポーズをとることの大半は、ガス抜きが目的である。

ガス抜きというのは、たとえば営業部隊を裏で支えるバックオフィスの人たちを集めてのお疲れさま会などがいい例だ。人間が組織で仕事をしていれば、必ず不平不満という名のガスが噴出することになる。

こうした不平不満を放置したり、無理に抑え込もうとしたりすると、ガスはみるみる充満していき、いつか爆発してしまう。問題というのは小さいうちに対処すれば何とかなるが、大きくなってからでは手の打ちようがない。

こまめに「換気」せよ

不平不満をゼロにできるかというと、それは無理だ。ただ、**ガスが充満して爆発しないようにこまめに換気をしたり、扇風機を回したりして、「悪い空気」を少しでも薄めていく工夫が必要になる。**

頭のいい人ほど、ガス抜きを馬鹿にして、「ガス漏れ」となっている根本の原因自体をなくそうとする。これは決して間違ってはいないが、だからといって、日々の「ガス抜き」を怠っていいことにはならない。

そして仕事は、結局は人間同士がやることであり、人間同士が集まって働けば不平や不満といった「ガス」が溜まらないはずがないのである。

そのためにリーダーは部下の話を聞くとか、お疲れさま会をやるといったかたちで、ポーズを示したり、ガス抜きをしたりすることで、可能な限りいい雰囲気で仕事ができるよう環境を整備することが大切だというのが私の考え方だ。

POINT

不平不満のような「ガス」は、放っておくと爆発する。そうならないよう適度にガス抜きせよ。

上司力改革16

細かく指示を出す放任してしまう

「信じて任せる」はコスパ最強

上司が部下に仕事を「任せきる」ことができず、細かく指示を出したり、**途中、何度も報告を求めたり、いわゆる「マイクロマネジメント」をしてしまうのは、成果を上げたいというのもあるだろうが、おそらく一番の理由は部下を「信用しきれていない」ことにある。**

部下に仕事を任せてはみたものの、内心では「本当に大丈夫だろうか」と不安を感じている。進捗状況などを微に入り細に入り確認しようとするのは、そんな気持ちの表れとも言える。上司が、部下の仕事ぶりを、細かく確認するのは「仕事熱心」なのではない。単に、上司の側の度量と胆力が足らない場合が大半だ。

もちろん、そこには、「失敗をさせたくない」という親心も多少あるかもしれないが、管理される側の部下としては、

「そんなに細かいことを言うんだったら、最初から自分でやればいいじゃないか」

などと、不満を抱くかもしれない。

上司が細かく指示を出し、管理すればするほど、部下は自力で考えること、行動に移すことをやめる。結果として上司が部下のために「良かれ」と思ってやっているつもりがまったく逆の結果を招くことになってしまう。

たとえば元野村證券の敏腕営業で、現在は生命保険のフルコミッション（完全歩合制）の営業パーソンをやっている宋世羅《そんせら》さんが自身の「宋世羅の羅針盤ちゃんねる」というYou Tubeチャンネルで**「富裕層は商品を見ないで、人を見ている」**という話をしていた。

たとえばある時宋さんは、オーナー社長と電話でアポイントをとり、先方から「明日の3時に電話をしてきてくれ」と言われたという。宋さんは10分くらい前から電話の前

に待機して、3時ぴったりに電話をかけた。電話で相手といろいろな話をして、実際に会う約束をとりつける。次のアポでも時間ぴったりに行って商品の説明をする。

そのようなやり取りを続けていたある時、宋さんは先方から次のような言葉を投げかけられた。

「全部任せるから、君がいいと思うようにやっていいよ」。理由はこうである。

「俺は君に3時に電話しろと言ったろう。君が3時ぴったりに電話をかけてきたので、『こいつは信頼できる』と感じた。だから君に任せようと思ったんだ」

「小さな約束をきちんと守る人間は、他の約束もきちんと守るだろう」ということで、宋さんは顧客から絶大な信頼を得ることができた。そこにあるのは、**売る商品がどうこうではなく、その商品をすすめてくる人間が信頼に値する人間かどうかという価値基準**である。トップレベルの経営者ほど、商品ではなく、人を見ている。

金融機関が融資をするか否かを決める判断基準も、結局のところは融資を頼んできた「相手」が信用に足る人物かどうかである。融資を申し出た人物に対して金融機関は、事業計画書や必要な書類を「○月○日までに持ってきてください」と言う。ただ、そこで金融機関が見ているのはその中身以上に「きちんと約束を守る人物か」だ。

もちろん担保があるかどうかなど他の要素もあるにはある。しかしそれ以前に、必要な書類を期日までにきちんと用意して提出できないような人が、借りたお金を期日までに約束通り返せるはずがない、というのは道理である。


これは、日々の仕事においても同様だ。部下が大きな仕事をしたいなら、上司との小さな約束は絶対に守らなければならないし、そうした約束事を守ることができてはじめて、上司は部下を信頼して、仕事を任せることができる。

ビジネスにおいては「信頼」が何よりも大切だ。宋さんも言っていたが、**「君にすべて任せる」と自分に言ってくれた相手を裏切る人は滅多にいない。ほとんどの人はその人の期待に応えようと最善の仕事をしようとするものだ。**

そう考えると、上司と部下の関係においても部下を本気で信頼せず、こまごまと指示を出して管理しようとするよりも、「お前を信じて任せる」と全面的な信頼を置いて大いに任せた方が、部下はそんな上司を粋に感じるし、上司のために持てるパワーをすべて出し切ろうとするはずだ。つまり、リーダーは管理せず、部下を信じて任せればそれでいい。その方が管理するよりはるかに効率がいいし、結果的に、部下の潜在能力も最大限引き出すことができる。

リモート時代のマネジメントは「性善説」で行け

2020年春と2021年年初にコロナ禍による緊急事態宣言が発出され、多くの企業でテレワークが導入された。それまでオフィスで部下と一緒に働き、部下の様子を見ながら管理監督をしていた上司にしてみれば、「部下の姿が視界に入らない」ことが不安で仕方がないのか、テレワーク勤務中の就業状況を逐一把握したいというニーズが高まっているようだ。

時間を決めて1日に何度も報告を求める上司もいれば、チャットを使って頻繁に指示を出したり、報告を求めたりする上司もいる。あるいは、会議でもないのにZoomをつけっぱなしにしておいて、「呼びかけたら○秒以内に返事をしろ」といった無意味な規則を押し付ける上司もいる。

私がこうした上司に尋ねたいのは「そこに信頼はあるのか？」ということだ。

上司が本当に部下を信頼しているなら、「テレワークで自分に働いている姿は見えないけれども、あいつならきっとしっかりやっているだろう」と信じることができるし、そんな部下に対して抜き打ちテストのように報告を求めるのははっきり言って無意味である。

テレワーク時代の上司道の基本は「性善説」で部下と接することだ。

上司の仕事は会社に行って部下を手取り足取り指導することではない。部下に仕事を任せ、部下のパワーを引き出し、何かあったら最後に責任をとるのが上司である。それだけの覚悟を持って部下に仕事を任せれば、たいていの部下はそんな上司を粋だと感じて、力を発揮してくれるようになるものだ。そして、そのように思えないような人間は、そもそも自分の部下にしてはならない。もし部下にいるなら、その人間はクビにするか、他部署に追い出すべきだ。「愚鈍な味方は有能な敵よりも恐ろしい」のである。

POINT
これからのリーダーは、部下を信用しない「性悪説」ではなく、「性善説」で接すること。

上司力改革17

稟議書を入念にチェックする↓部下に決裁印を預ける

部下に捺印させたってかまわない

どんな組織の上司も、非常に忙しい。

以前、ある財務大臣が国会答弁で「大臣決裁の稟議書類なんか見ておりません」といった趣旨の話をして大問題になったことがあるが、私でさえ役員時代には決裁書類すべてに目を通していたらそれだけで1日が終わるのではと思えるほど多くの書類が回ってきただけに、もっと忙しい大臣がすべての書類に詳細に目を通すことなどそもそも不可能だし、「見ていない」というのはとても正直な感想だと思う。

その意味では稟議書類を「見ていない」というのは事実だと思うが、では、そこに責任がないのかというと、それは違う。私の持論は**「上司たるもの、稟議書類を見ずに決裁印を捺すことはまったくかまわないが、決裁した以上、その結果起こった事態の責任からは逃げてはいけない」ということだ。**

本書で何度か登場した田中耕介さんのすごさは、「何かあれば俺が責任をとる」という姿勢が首尾一貫していたことである。

たとえば、驚くべきことに田中さんは部下に決裁印を預けていた。田中さんは机の引き出しに入れっぱなしになっているハンコを私に指さして、「おい田端、ここに俺の決済印が入っとるから、適当に捺しといていいよ」と言っていた。

決裁印というのは、その案件にGOサインを出すというリーダーの意思決定である。そんな重要な判断を部下に丸投げするとは何事か、と思うかもしれない。しかし田中さんの真意はまったく別のところにあったはずである。

おそらく、田中さんの言葉の意味するところはこうだ。

「俺の気持ちになって捺してくれよ」

これはチームメンバーへの全面的な信頼の証であり、「責任を持って行動しろ」という意味にもとれる。

田中さんがそうであったように、上司はすべての書類に目を通さなくてもかまわないし、極端なことを言ってしまえば、それこそ部下にハンコを預けるくらいの気持ちがあってもいい。

しかし絶対に忘れてはならないのは、たとえ書類の内容を見ていなくとも、自ら「決裁した」案件で問題が起きたなら、その責任は負うという覚悟を決めることである。

すべての書類に目を通してはいけない

リーダーが最終責任を負う覚悟を持っていれば、決裁のハンコを捺すだけで1日が終わることはないし、その貴重な時間を、本当に時間を割くべきところに振り向けることができる。

とはいえ、部下から**「この人は常に書類なんか何も見ないでハンコを捺しているぞ」ということを悟られてはならない。**そのようにナメられてしまっては、部下から最大限のパフォーマンスを引き出せないからだ。

Ａｐｐｌｅの創業者スティーブ・ジョブズは部下からのプレゼンにあたって、最初のアイデアは絶対に採用せずにケチをつけるという癖があった。

そのため、部下もその辺を見越して、最初のアイデアはあえてどうでもいいものを提案し、２番目に自分たちが通したいアイデアを出すことが多かったと言われているが、どのような組織においても、部下というのは上司の癖や習慣を見抜くのがとてもうまいものだ。上司が部下の本当の人間性を見抜くのは、３年かかるが、部下は上司を３日で見抜くとも言う。

だからこそ、たとえば私が「こういう時は書類を細かく見るけれども、こういう場合には見ないでハンコを捺している」という癖を見抜かれたとしたら、部下は私の行動パターンに合わせて行動するようになってしまう。

上司たるもの、どういう時に現場に細かく介入し、どういう時は、全権を委任するか、このバランスは、秘伝のタレのような属人的なものであり、部下を信頼し、部下からは信頼されながらも、ナメられたり、飽きられたりしないように、くれぐれも注意が必要だ。

部下にパターンを把握されないために私が意識的に実践していたことがある。それは、**普段は何も言わないでハンコを捺しておいて、たまに細かく質問をするという手法だ。**

ものづくりの世界に、できあがった商品の品質について、出荷をする前に全数検査する方法と、いくつかサンプルを抜き出して検品するやり方があるが、決裁においても同様の手が使える。

時間に制約がある以上、すべてをくまなくチェックすることは難しいので、多くの工場では、出荷する品の一部をランダムに抜き打ち的に検査をするのだ。上司においても、同じように、いつもノールックで捺しまくっていた稟議決裁について、部下に突然細かい質問をしてみたりする。すると部下には**「あの上司は全然見ていないようで、実はよく見ている」と思わせることができるのだ。**

今の時代、リーダーが決裁に時間をかけ過ぎるのは禁物だ。多くの日本企業がテレワークを導入して顕在化した問題の一つに、決裁印を捺すためだけに上司が出社しなければならないという悪しき慣習がある。決裁者というのは、いわば「意思決定工場」をやっているわけだが、そこで求められているのはスピードであり、どれだけ丁寧にすべての資料に目を通したか否かではない。だからこそ、上司は書類を見ることに時間をかけ過ぎることなく、誤解を恐れず言えば、田中さんのように時に部下に決裁を任せるくらいの気概を持つべきだ。

「ババを引かない運」も実力のうち

稟議書類に関してはこのように部下に任せることもできるが、経営者の中には正社員採用の最終決裁などは絶対に手放さない人がいる。

たとえば堀江貴文さんは、ライブドア社長時代（もちろん今もそうだが）、滅茶苦茶忙しくて面接の日程調節にはいつも苦労したものだ。それでも、最終面接は自分の手で行っていた。

当時、文字通り「時代の寵児」だった堀江さんとの最終面接ともなると、候補者はとても緊張していたものである。

予定時間の30分、あるいは1時間の面接時間に対し、忙しい堀江さんはいつも遅刻してくるうえ、5分くらい話したら、「もうわかった。ありがとうございました」と、さっさと面接を切り上げてしまう。すると、ほとんどの候補者は「緊張して失敗してしまった。これはもう落ちたな」とがっかりするが、実際には合格していた、ということも多かった。

堀江さんはなぜ、殺人的スケジュールの合間を縫ってまで最終面接の予定を入れ、なおかつ5分程度で切り上げたのか。おそらくその理由は**「ヤバい奴かどうかを感覚的に見抜く」**ためではないかと思う。

「運も実力のうち」という言い方があるが、これは言い得て妙である。経営者の中にはやたら信心深い人がいて、「マイ神社」に頻繁にお参りに行ったり、何か嫌なことがあると、神社でお祓いをしてもらったりする。

ある企業の経営者は、社長に就任した時にある神社にお参りに行って、「もし企業の業績を立て直すことができたら、この神社の修復を行います」と願掛けをして、企業の黒字化後に本当に修復の責任者となっている。経営者というのはそれほどに信心深い人種なのである。一体なぜだろうか。

どれほど能力のあるリーダーでも、会社経営に関わる全要素を自分の手でコントロールするのは不可能である。そこには必ず「時の運」が関係してくる。もちろん何の努力もせず神頼みをするのは論外だが、**能力のある人であればあるほど、自分がコントロールできることは、限定的なのだと気づく。その結果として、できることはすべてやったうえで、最後は「天命を待つ」という境地にたどり着くものだ。**

だからこそ、リーダーは「自分は運がいい」と信じることが必要だし、自分の周りに「悪い気」を持ち込まないようにしたいと考えるのである。

堀江さんがどんなに忙しくても最終面接を行っていたのは、運気の悪い人間を会社に入れてしまうと、その気の悪さが全体に広がって、せっかくの会社の勢いがそがれてしまうことを恐れていたからではないだろうか。

私自身も堀江さんを見習って、自ら採用を行っていた時には被害者意識の強い人間は採用しないように心がけていた。被害者意識のある人間というのは、毛穴から悪い運気を放っている。やはり、長時間、一緒に働くことになる部下を採る以上は、運気の悪い人間よりは運気の良い人間を採りたいし、マイナス思考よりはプラス思考の人間を採用したいものだ。

これは一般的なリーダー論で見落とされがちなポイントだが、いわば、「ババを引かない運もリーダーの実力のうち」であり、実力があるだけでなく、運気が良く信頼に足る人間を集めることもチームで成果を上げるうえでは大切だ。

POINT

決裁はスピード感が重要。決裁書類に目を通さなくてもいいが、決裁後の責任はすべて負う。

上司力改革18

経費を節約する
正々堂々と経費を使う

「会社の金を使う」発想を捨てろ

リーダーがハンコを捺すものの1つに「経費の精算」がある。

そして経費の使い方に関しては会社のカルチャーや、トップの考え方が色濃く反映される。私が部下として仕えた実業家・堀江貴文さん、前澤友作さんは、双方とも経費に対して独特の哲学を持っていた。

驚いたことに**堀江さんは接待交際費を「1円も認めない」姿勢を貫いていた。**堀江さんの考えはこうである。食事をしながらビジネスパートナーとコミュニケーションをとること自体は否定しない。しかし、「会社のお金を使う」というリスクゼロの「サラリーマン根性」を捨てなければ、突き抜けた結果は出せない。

たとえば、広告営業の世界では「飲み代に一晩で何十万円使った」というのはよくある話だ。この状況を堀江さんが目撃したらおそらくこう言うはずだ。「それで売り上げが増えなかったら誰が責任をとるの？」と。責任の所在をはっきりさせることなく、「会社の金で飲み食いしよう」という他力本願な仕事のやり方を、堀江さんは嫌った。**「もし高額の接待をして本当に売り上げが上がる自信があるのなら、まずは自分のお金でリスクをとってやればいい。それで本当に成果が出たら、後で給料を上げてやる」**というのが堀江さんの哲学である。

経費に関しては、堀江さんは一般的な会社に比べてかなり細かいところがあったが、「たしかにその通りだな」と私自身、納得できることも多かった。与えられた仕事を自分事としてとらえているビジネスパーソンなら、担当業務に関する会食で「どうせ会社の金なんだし、いくらでも好きに使えばいいや」などとは考えないはずである。

一方前澤さんは、会社の経費については堀江さんほど細かくはなかったが、**前澤さん自身が使う経費については、「飲み食いは基本ポケットマネーでやる」**というルールを徹底していた。

たとえば前澤さんが一晩で飲み食いに100万円使ったとする。それを企業としてのZOZOに接待交際費として回すことはもちろん可能だったはずだ。しかしその分、ZOZOの利益が100万円減ったとすれば、結果的に、会社の株価も下がってしまう可能性もある。

すると、ZOZOの筆頭株主（私が執行役員として在籍していた時は確か40％弱を保有）である前澤さんは結果的に、自分の個人資産も100万円以上、減らしてしまうことになるかもしれない。**会社の経費を使うことで株主に不利益を与えるよりは、身銭を切って飲み食いする方が会社を私物化しないという意味で上場企業経営者のモラルとして正しいだけでなく、株主として合理的**でもあったのだと考えることもできる。株価や株主の利益を気にしないで済むサラリーマン社長が、平気で多額の接待交際費を使って、結果的に会社の利益を減らし、株価も下げているとしたらどうだろう。前澤さんや堀江さんのようなオーナー社長の方が経費に関してははるかにシビアだし、まっとうな考え方と言えるのではないか。

使った経費より
どれだけ稼げるかが勝負

ここまではオーナー社長の経費の使い方のエピソードを紹介してきたが、チームリーダー、中間管理職は、経費についてどんな姿勢で臨めばいいだろうか。

私自身が最も大切にしているのが「費用の最小化ではなく、利益の最大化を優先する」という考え方である。

会社によって経費に関する細かい規定があり、ルールの枠内で行動することが求められている。そこにあるのは「決められた枠の中で経費を使うならオーケー」という考え方で、「その経費を使ってどれだけの成果を上げるか」ではない。

たとえば、出張先で泊まるホテルの料金が8000円以内と決められている場合、「6000円のホテルに泊まって経費を節約しよう」と考える人もいれば、「8000円までは許されているから8000円のホテルに泊まろう」と考える人もいる。

一般的に、リーダーも部下の宿泊代が規定の中に入っているかどうかはやたらと気にするが、**本来最も気にしなければならないのは「8000円なら8000円をかけて泊まりで出張した部下がそれに見合った成果を上げたか否か」である。**

それを忘れて部下の経費の使い方だけに神経を使うのははっきり言って無意味だ。リーダー自身も、たとえば飛行機のビジネスクラスに乗れるにもかかわらず「自分はエコノミーでいい」と言う人がいる。そこで数十万円を節約して得意になっている人は、その数十万円を超えるパフォーマンスを発揮する自信がないように思われる。

ビジネスクラスに乗れるレベルの人物なら、パフォーマンスが少し低下しただけで即、数十万円以上の損失につながる。人は、ちゃんと寝て、きちんと食べてはじめて的確な意思決定ができる。にもかかわらず経費を節約しようと安いホテルに泊まって、安い飛行機に乗って、自分自身のパフォーマンスの質を落としたとしたら、これは本末転倒だ。

それなりの役職についているビジネスパーソンに多く見られる現象は、高いホテルに泊まることや高い飛行機に乗ることを「役得」と勘違いしていることだ。実際にはこうした権利を与えられた人には高いパフォーマンスを発揮する義務がある、ということを見落としている。逆に言えば、ビジネスクラスに乗り、良いホテルに泊まってでも、自分自身の心身と頭脳を健全に保ち、会社の利益を最大化するために判断し続けられるようにすることは、ビジネスマネージャーの義務なのである。

Ｎｅｔｆｌｉｘは今や世界屈指のコンテンツ帝国を築いたが、創業者のリード・ヘイスティングス曰く、同社の出張旅費と経費に関するガイドラインは次の１文だけだ。

「Ｎｅｔｆｌｉｘの利益を最優先に行動する」

経費の使い方について、新入社員にはこんな説明の仕方をするという。

何かを買う前に、直属の上司の前で、なぜその航空券、ホテル、あるいはスマホを買おうと決めたのか、説明する場面を想像してみてほしい。その支出が会社にとって「最善の選択」だと堂々と説明できるのなら、わざわざ上司にお伺いを立てる必要もないし、すぐにでも購入すればいい。ただし、自分の選択に「バツの悪さ」を感じるなら、上司に相談するか、もっと安いものを購入すること。

そこにあるのは経費の支出を細かいルールで縛るのではなく、ひとりひとりが「これは会社の利益になるのか」をしっかりと考えたうえで、自信を持って経費を使え、という考え方だ。

一番ダメなのは「どうせ会社の金なんだし」と何の考えもなしに経費を使うことであり、「この範囲までは認められているから」と、優先順位の低いことに経費を使うことだ。

リーダーが問うべきは「経費をどれだけ抑えたか」ではなく、経費を使うことで「どれだけの成果を上げたのか」だ。会社に必要なのは経費の最小化ではなく、売り上げを伸ばすことであり、利益を最大化していくことだ。

経費は自信を持って使えばいい。ただし、その何倍もの成果を上げてこそリーダーとしての役目を果たしたことになるということを忘れてはならない。

POINT

経費を節約するよりも、かけた経費を上回るパフォーマンスを発揮することに意識を向ける。

上司力改革 19

完璧にこなす

↓隙を見せる

ダメ上司ほど助け甲斐がある

世の中には「上司とはこうあるべきだ」という「べき」論があり、**上司になったばかりの人が「自分も理想的な上司になりたい」と思って部下に隙を見せない完璧な上司を演じようとすることがあるが、たいていの場合、うまくいくことはない。**

上司と部下の関係というのは上司が人格・能力・経験といった面で理想的な人物であるかということ以前に、そこに「信頼」があるかどうかで決まってくる。

たとえば、「臨機応変」と「朝令暮改」という言葉がある。

客観的に見れば、どちらも上役が出した方針を早々に変えていくことを指して使う言葉だ。ただし、「臨機応変」は良い意味で柔軟な場合に使われ、「朝令暮改」は悪い意味で指示がブレまくるような場合に使われる。何が、「臨機応変」と「朝令暮改」を分けるのであろうか？

それは、そもそも号令をかけた人物のことを部下が「信頼しているか否か」である。

部下が上司を信頼していれば「あの人は臨機応変な人だ」となるが、信頼がなければ「あの人は朝令暮改で方針がブレやすい」と、途端に批判的な見方になってしまう。

やっていることは同じであっても、両者のあいだに信頼関係があるか否かで、部下から見た印象や評価は雲泥の差になる。

上司の意思決定に対し、時には部下として納得できないこともある。上司は「Aで行こう」と指示をしたものの、部下は「Aは絶対にうまくいくはずがない。Bの方がいいに決まっている」と感じているとしよう。

そんな時、双方のあいだに信頼関係が欠けていると、部下はとりあえず表面的には「上司がやれと言ったから」と方針に従ったフリをするものの、心の中では「どうせうまくいかないだろう」と思っている。こうなると、現場ベースでＡという方針が徹底して実行されることはなく、もともとはＡという方針が正しかったのかもしれないが、当然、良い結果は出ない。

一方で、そこに上司に対する信頼があると、部下としては内心「本当に大丈夫だろうか」という一抹の不安を抱きつつも、「あの人が、そこまで言うのだから、まずはしっかりとやってみよう」とモチベーションを高く保ったままで取り組める。

結果的に、Ａが正しい方針ならうまく成果が出るし、Ａという方針が間違っていた場合でも、Ａが間違っているという検証が早くされ、部下が上司を信頼しているだけでなく、上司も現場を信頼している場合は、上司が「Ａという方針は間違っていた。では、次はＢで行こう」と早期に軌道修正することができる。

リーダーの指示に従わない人間を簡単にクビにできる欧米企業ならともかく、そうそう社員を辞めさせることができない日本企業の場合、上司が自分の指示を現場に徹底するためには信頼を置かれている上司の方がはるかに部下は動くし、チームとしても成果を上げやすい。

では、そのためには上司に何が必要かと言えば、「最終責任を負う」という潔さだ。

リーダーとして完璧に仕事をすることよりも、ある程度はダメな部分があってもかまわないので、最後の最後で腹を括れるか否かが鍵になる。

部下に「刺せるネタ」を渡せ

私がリクルートに入社してすぐの時代にお世話になったある執行役員の逸話を紹介しよう。当時、リクルートは数千億円の膨大な負債を抱えていた状況から、社長の尽力により何とか立ち直ったくらいの時期であったため、当時の社長は、コストにはとても厳しかった。

一方でリクルートは情報の整備には多額の投資を行っており、私の上司である執行役員はIT投資にどうしてこれほど多額の資金が必要であるのかについて、あまりITリテラシーの高くない当時の社長から「経緯を私にもわかるように説明して」と呼び出されることも多かった。

上司は社長と散々やり合うこともしばしばあった。時には、社長からの呼び出しの内線電話を切った瞬間に、「またわけわかんないこと言い出しやがって」などと、ぎょっとするセリフを部下に聞こえるような大声で言い放ったりもした。

もし今のようにみんながスマホを持っていて、その上司の言葉を録音して、「社長、○○さんが『わけわかんないこと言い出しやがって』なんて言ってましたよ」と告げ口したりすれば、途端にその上司の立場は悪くなる。しかし当時、誰一人として告げ口をする人はいなかった。これは一種の「紳士協定」のようなものである。

上司が、部下の前で社長を「わけわかんないこと言う奴」と言うのは、言わば「もしお前が俺を刺そうと思ったら、刺せるネタを渡す」というのと同じことだ。

それでも上司があえてそのように部下の前で言ったということは、「俺はお前のことを仲間だと思っている。だからこそこうした無防備な姿を見せるし、お前が決して俺のことを裏切らないと信じている。お前が俺を裏切らない限り、俺もお前を裏切らないからな」という意味が込められていたのではないか。

このように**上司が弱みや隙を見せるからこそ、部下も安心して弱みや隙を見せられれ**

る。それは上司から部下に対する信頼の証であり、だからこそ部下としても、返礼として上司を信頼することができるのだ。

はじめて部下を抱えることになった人はどうしても「良い上司」「完璧な上司」であろうとして無理をするきらいがあるが、完璧を目指す必要性などさらさらない。完璧な上司の前では部下は萎縮してしまう。これまで話してきた私の元上司のように、時には隙や弱みを見せることも部下からの信頼を得、チームをまとめるうえでは大きな効力を発揮する。

POINT

部下から上司へ「紳士協定」を結ばせるには、時にはあえて弱みを見せよ。

上司力改革20

いい上司を目指す
上司像は部下に聞く

「理想の上司」は絶対目指すな

毎年、明治安田生命が発表している「理想の上司ランキング」というのがある。

2021年のアンケート結果は、男性編の理想の上司1位が内村光良《てるよし》さんで5連覇。以下、櫻井翔さん、イチローさん、設楽統《したらおさむ》さんなどが続いている。

一方、女性編の理想の上司1位はこちらも同じく5連覇の水卜《みうら》麻美さんで、以下、天海祐希さん、新垣結衣さん、小池栄子さんと続くことになる。


だが私自身は、**「理想の上司など、絶対に目指してはいけない」と考えている。**「理想の上司像」というものは人それぞれであり、マネジメントには「こうしたら絶対にうまくいく」という正解などないからだ。

たとえば、本書でも何度か紹介した田中耕介さんは私にとっては「理想の上司」だった。そのため私がその後に、多くの部下を抱えるようになった時、田中さんのやり方にならったマネジメントを実践していたところ、54ページでも述べたように「田端さんはTwitterや社外の講演など個人活動ばかり熱心にやって、自分たちのことにはまったく関心がない」と女性部下から指摘されてしまったことがある。

部下みんなが私のように上司から「放置」されることを心地いいと感じ、力を存分に発揮できるとは限らない。中には上司から懇切丁寧な指導をしてほしいと望んでいる部下もいれば、細かい指示はいらないけれども、少なくとも自分のやっていることに関心を持ち、何かあったら相談に乗ってほしいと思っている部下もいる。

部下のタイプが多様化している今日においてはなおのこと、ビジネス書でよく言われる「理想の上司像」を目指したところで、マネジメントがうまくいく保証はどこにもな

いのだ。

だからこそ「理想の上司」なんかはじめから目指さない方がいい。

あえて、理想の上司とは？　と聞かれれば、自分が率いる部下と置かれたビジネスの状況に応じて、カメレオンのように自分を変え、プロゴルファーがクラブを選ぶように、さまざまな引き出しを持っているのが、「理想」かどうかはわからないが、私が思う良い上司である。

マネジメントの答えは現場にある

では、**上司はどのようにマネジメントをしてゆけばいいか。マネジメントするとは、部下の力を引き出すことなのだから、私自身の考えとしては、その方法は直接、部下に聞けばいい。**

たとえば、1対1で面談し、部下ひとりひとりに「あなたは3年後（5年後）にどうなりたいですか？」と質問したうえで、「あなたがその理想を追い求めるうえで、上司としての私にできることがあれば力になりたいと思っている」と伝えることは効果的である。

たしかに、部下のベクトルと上司のベクトルが完全に一致するのは難しい。しかし、真逆を向いていない限り、ともに組織の目標を達成する、という大まかな方向性は一緒であるわけだから、一緒にやっていくことで、上司・部下双方にとってメリットがあるはずだ、ということをきちんと伝える。このように心がけることで、人材に応じた的確なマネジメントができる。

もっとも、部下全員が明確な将来像を持っているわけではない。これは社会人経験が浅い若手社員に多く見られるが、聞いても明確な答えが返ってこない場合もある。

たとえばある日、若手と面談している時に「君は3年後（5年後）にどうなりたいですか？」と尋ねたところ、「人に感謝される仕事がしたい」という曖昧な答えが返ってきたことがある。

その部下に対して、私は「君のお財布に、今いくら入っていますか？」と尋ね、続けて、次のように畳みかけた。

「帰りにコンビニに寄ってそのお金でパンを買って、公園に行きホームレスの人たちに配ったらどうだ？　きっと感謝されるだろう。人に感謝される仕事がしたいのなら、それをやったらどうですか？」

その部下から見て私は、とても意地悪な人間として映ったはずだ。「そういうわけじゃないんですけど……」と戸惑う部下に、さらにこう尋ねた。

「あなたは誰に、何をして、感謝されたいと思っているのか。そこをもっと具体的に教えてください」

新製品開発などでよく言われるのが、「お客さまは、『自分が欲しいと思う商品』を見せられるまで、何が欲しいかはわかっていない」ということだ。できあがった新製品を見て、よしあしを言うことはできるが、何もない状態で「自分はこういうものが欲しい」と明確に言える人はほとんどいない。

フォードの創業者ヘンリー・フォードではないが、車というものが一般的ではなかった時代、人々に「何が欲しいか」を尋ねたら、「もっと速い馬が欲しい」という答えしか返ってこない。「車を欲しい」と言うのは、フォードが一般向けの車をつくってはじめて出てくる言葉である。

それと同様に「何をやりたいか」「将来どうなりたいか」をはっきりと口に出して言える人は案外少ない。そこで上司の大切な役割の1つはフォードが大衆車をつくることで、みんなに「こんな車が欲しかった」と思わせたように、**「あなたは何になりたいの?」とできるだけ具体的に問いかけながら、部下自身が「どうなりたいか」を具体的に思い描けるようにサポートをすることである。**

マネジメントという仕事は、部下ひとりひとりの人生に、かなりの程度の影響を与える仕事であり、責任は重大だ。もちろん、上司にできることは限られているが、できうる限り、部下ひとりひとりの生き方や考え方、人間性を尊重しながら行わなければいけない。

そう考えると、マネジメントに「こうすれば絶対にうまくいく」という絶対の法則はないし、全員にとっての「理想の上司」というのも存在しない。

であるならば、「理想の上司」などという幻想を追いかけるのではなくて、**時に父の**

ような厳しさを見せ、時に優しい母のような慈愛を見せたりする。優しい刑事と怖い刑事が取調室で容疑者を尋問するように、臨機応変に「顔」を使い分けることだ。

「ひとりひとりの部下の人生と深く関わっているんだ」という自覚をリーダーが強く持てば、状況に応じていかにマネジメントすればいいのかの答えも自然と見えてくる。

> **POINT**
> マネジメントの仕方は部下に直接聞くのが早道。
> 部下のタイプに応じて上司は臨機応変に見せる顔を使い分けよ。

第5章

リーダーは好かれるだけが能じゃない

上司力改革21

友好関係を保つ

激論を戦わせる

イケてない会社ほど、社内で戦わない

イケてる会社と、イケてない会社を見分けるのは簡単だ。**イケてる会社は、社内で激論を交わすが、イケてない会社は激論を交わすことが大人げない、下等な行為だと考えている。**

経営学の権威、ピーター・ドラッカーがこんなことを言っている。

「成果が何もなければ、温かな会話や感情も無意味である」

チームワークの大切さを説く人は多いが、チームワークを単なる仲良しクラブと勘違いしてしまうと、表向きメンバーの仲は良いが何も生み出すことのできない役立たずの集団と化してしまう、という意味だ。

真のチームワークとは、チームメンバー全員が和気あいあいとしていることと必ずしもイコールではない。

「これが正しい」と思ったことは遠慮なく提案し、時にはケンカも辞さずに本音の意見を戦わせる。そして、ひとたび結論が出たなら、そこからはみんなが心を合わせてその実現に一点集中する。これこそが真の意味でのチームワークである。

良いチーム、強いチームをつくるためには、メンバー同士のぶつかり合いや建設的な議論が欠かせない。

なごやかな雰囲気の中で、温かな会話と感情に包まれて仕事をしたいと考えるのは決して間違いではない。

ただし、会社組織内におけるチームの存在意義は、そこに成果が伴ってこそのものである。

近年よく言われる表現に、「心理的安全性」というものがある。Ｇｏｏｇｌｅが自社のたくさんのチームについて研究する中で成果を上げるために必要な条件の1つとして掲げているものだ。

「心理的安全性」などと言うと、それこそ激論などのない「なごやかな会話や関係性」を思い浮かべる人もいるかもしれないが、それはまったく違う。

「心理的安全性」のあるチームをつくるうえでリーダーに求められているのは、①議論の時にメンバーの話をさえぎることなく、最後まで聞く　②メンバー全員が少なくとも1回発言するまでは会議を終えない　③チーム内の意見の対立に目を背けず、また抑え込もうともせず、全員でオープンに議論するようにする、といった姿勢である。

こうした姿勢をリーダーが貫くことで、メンバーひとりひとりが「ここでは遠慮せずに自分の意見を言っていいんだ。ここではみんなが自分の意見を聞いてくれるし、だからこそ自分もみんなの意見を真剣に聞かなければならない」と感じるようになる。

メンバー全員がしっかりと自分の意見を言葉にでき、それに対して他のメンバーも自由に意見を言えるというのがＧｏｏｇｌｅの言う「心理的安全性」であり、こうした土壌があってこそチームは成果を生み出せることになるのである。

つまり、自由に議論できる会社はイケてる会社になるのに対し、ボスの主張に対してたとえ内心では不満を持っていても、表面的には「おっしゃる通りです」という姿勢をみんなが示す会社はイケてない会社になる。

そんなイケてない会社では激論は下等な行為であり、大人げない行為となるが、内心では「本当は反対なんだよな」「こんなことをやっても無駄なのに」などと思いながら日々の仕事に取り組んでいるチームが、目立った成果など上げられるはずはない。

たとえ上司の指示であっても、もし納得がいかないなら1対1で意見をして、それを上司がきちんと受け止めるぐらいの会社でなければ、ずば抜けた結果は出ないのである。

そんな活発な議論のある風土を、トヨタでは「仲良くケンカする」と呼んでいるが、それくらいでなければたしかに世界に伍して勝つことはできない。

チームを野武士集団にする方法

日本では営業力の強い企業や組織を「野武士集団」と評し、おとなしい企業や組織を「お公家集団」などと呼ぶことがある。「お公家集団」は「野武士集団」に比べて上品ではあるものの、いざという時の戦闘力はこころもとない。

私が在籍していたリクルートなどは社内でも頻繁に激論を交わしていたが、日ごろから、社内で激しくぶつかり合い、議論がヒートアップするだけに、そのエネルギーが、ひとたび外に向かった時に、社外の競合などはものともしない力強さがあった。まさに野武士集団である。

以前のリクルートには、名物とも言うべき「鬼の営業マネージャー」がそこかしこにいた。求人広告の営業は新宿営業所、赤坂営業所、渋谷営業所などそれぞれにテリトリーが決まっているが、複数の営業所の中間地点に位置するような場所のクライアントを、営業所同士で奪い合うということもしばしばあった。

そこで、ある名物営業マネージャーが率いる営業所のテリトリーに他の営業所の部隊がうっかり営業しようとするものなら、同じリクルートの別営業所のマネージャーのところにすごい剣幕で怒鳴り込む。

「お前ら、俺らの島を荒らすんじゃやねえ」とヤクザ同士の縄張り争いのようなセリフも平気で口にする。

このような物騒なやり取りは、今の読者や、コンプライアンス感覚からすれば賛否両論あるだろう。しかし、当時の部下からすれば、この営業マネージャーは厳しくも非常に頼りになる上司であったはずだ。社内の人間に対してさえ、同士討ちをいとわないほどなのだから、本当のライバルと言える社外に対して圧倒的な戦闘力を発揮するのも当然のことだった。

実際、リクルートが『ホットペッパー』を刊行するにあたり、全国の飲食店の開拓を進めたり、『ホットペッパー』を置かせてもらったりするためのラックの設置場所を開拓する場合には、「切り込み隊長」としてこの営業マネージャーが事業責任者に抜擢された。

とはいえ、リーダーは社内でも、社外でもいつも戦闘的であるべきかといえば、そうではない。些細なことで、いちいち小競り合いをしているようでは、本当にケンカしなければならない時にケンカができなくなってしまう。**普段は滅多にケンカなどしない人が「ここぞ」という時にケンカを仕掛けるからこそ、周りも「あの人が言いに来るのだから、よほどのことだろう」と聞く耳を持ってくれる。**

これはまた、役職にもよる。課長クラスなら何かあれば、すぐに他部署にケンカを売るくらいでもいいが、部長クラスになれば徐々に自分の部署のことだけではなく、全体最適でものを考える必要がある。「自分の部署のことだけ」を考えてケンカをしているようでは、会社の全体最適を考えるトップレベルの経営層にまでは出世しにくいのは言うまでもない。

「韓信の股くぐり」という故事がある。古代中国で、秦の始皇帝の没後、名将と謳われた韓信が、若い時町で無頼の徒に辱められ、その股をくぐらされたが、その場では耐え忍び、後年大出世した、という逸話から生まれた言葉である。

韓信のように本当に大志を持っている人なら、目前の恥は耐え忍ぶことができるものである。**他方で妙にプライドの高い人間はケンカにおける賭け金のコントロールが下手で、些細なことで小競り合いをして自分のプライドを満たそうとする。**

本当の意味で自分に自信のある人は、いつだってプライドなんか捨てられるし、そんなことぐらいで自分の価値は下がったりはしない。これこそが最高のプライドの持ち方である。

リーダーは時に社内でも、社外でも戦わなければならないが、それはつまらない小競り合いなどではなく、「真の意味でケンカするべき時にケンカができる」強さでなければならない。

POINT

社外の敵と戦って勝つ野武士集団を養成するには、社内で激論することもいとわずにいること。

上司力改革22

他部署の役職者に文句を言う→事前に保険をかける

共通のレポートラインの一階層上を味方につけろ

仕事というのは自分1人だけ、自分のチームだけで完結するものはほとんどなく、ほかの人たちと協力し合いながら進めてゆくものが大半を占める。

そうした状況下において上司は、自分の部下が指示に従わなければ、一喝することもできるが、相手が他部署の人間となるといくら役職が下でも自分のチームの人間と同様のかたちで指摘するわけにはいかなくなってくる。

私がライブドアで広告営業部門の責任者をしていた時のことだ。私たちの部署がお客さまから「ユーザーがGoogleなどで検索をした際に、自社の商品が上位に掲載されるようにしてほしい」というニーズに応えるための広告商品を受注した（いわゆるSEO対策商品である）。

すると、開発部門のエンジニアが「それは検索エンジンを騙すためのズルだ。それに、内容の悪い商品が検索上位になるのではユーザーのためにならない」と考えたのか、エンジニア個人の判断で、勝手にお客さまに約束したのと違うかたちでシステムの仕様を変えてしまっていた。

そのことに気づいた営業担当者がある時、私に報告した。

私としても、こうしたSEO対策商品には、さまざまな議論や問題があるので、開発部門から「今後はこうした広告を受注するのはやめにしましょう」と、問題提起され、議論した結果、会社として方針を決めるのなら一切の異存はなかった。しかし、広告主からお金をもらって受注した以上、それを開発部門のエンジニアの一存で勝手に「これはやらない」と決め、システムを書き換えるのは明らかな越権行為だし、お客さまからの信頼を損ねる行為でもあった。

当時、私自身は無駄に敵をつくる必要はないが、戦うべきところでは躊躇すべきではないと考えていた。この案件は、まさに戦うべき案件である。

とはいえ、担当のエンジニアのところに私が直接に行って、「お前はどうして勝手にこんなことをしたんだ」と怒鳴り散らしたらどうなるか。他部署の人間がいきなりそんなことをしたら、開発部門の責任者も部下の手前、エンジニアを守らざるを得なくなるというのは、容易に想像がつく。

そこで**私はまず、私と、開発部門の責任者双方の共通の上司である社長のところに行き、事情を説明した。**

正式な社内手続きを踏んで、「以後はこうした広告の受注をやめよう」と提案して、会社として「やらない」ことを決めるならそれはいい。でも、今の段階では誰もそんな提案はしていないにもかかわらず、エンジニア一個人の判断で「やらない」と決めるのはおかしい。これは、営業の責任者として絶対に許せないという話をして、社長の了解を得た。このように「事前の手続き」を踏んだのちに、開発部門の責任者に抗議したのである。

なぜ最初に社長を味方につけたかというと、営業部門と開発部門が対立した場合、最後に判断をするのは社長だったからである。

私が直接開発部門に抗議をすれば、開発部門のトップが社長に「営業部門の責任者の田端がこんなことを言って怒鳴り込んできて困っている、何とかしてくださいよ」と言う可能性がある。その際、社長が「そうは言うけど、田端の言うことの方が正しい。何かあるのなら『こう変えてほしい』と提案するべきじゃないのか」と味方をしてくれれば、必ずケンカに勝つことができる。

他部署の上司を相手にケンカをするのなら、絶対にケンカに負けないように、一階層上の共通の上司を事前に味方につけ、「保険」をかけておくのが賢いやり方なのである。

社内のケンカは詰め将棋

その場の勢いに任せて他部署にケンカを売る人もいるが、こうしたやり方はケンカに負ける恐れもあるし、仮に勝ったとしても遺恨が残る可能性がある。

社内のケンカは、詰め将棋に似ている。

詰め将棋のコツは、攻める側が最短手順で相手を詰ませるところにあるが、社内のケンカも同様に、できるだけ短い期間で決着をつけるのが望ましい。

そのために私がいつもやっていたのが**「部下へのしっかりとしたヒアリング」**と、**前項でも述べた「一階層上の上司を味方につける」こと**である。

たとえば、開発側の部署の失敗が契機となって営業と開発が揉めている時、営業に何の非もなくて、開発が100％悪い、というケースはあまりない。交通事故の過失割合のように開発：営業が8：2とか、7：3のことがほとんどだ。

そのあたりをしっかりと把握しないままに「問題を起こした相手がすべて悪い」と誤解した上司が他部署に怒鳴り込むと、相手の部署の責任者に、自部署の方にも責任のあった2割や3割の事実のことをほじくり返されて、かえってややこしい事態となりかねない。

そうならないために上司がすべきことは次の通りだ。

部下の話をそのまま鵜呑みにするのではなく、細かい経緯や事実関係を含めてしっかりと話を聞き、納得いくまで調べる。さらに、メールやLINEのやり取りなどがあればすべてに目を通し、こちらにどの程度の非があり、相手にはどのような非があるのかをできる限り客観的に事実関係ベースで把握する。

状況や経緯を把握した結果、「どっちもどっち」というような時には、私はケンカをしないようにしていた。「どっちもどっち」というレベルでケンカをしてしまうと、お互いがヒートアップして引くに引けなくなり、勝っても負けても後味の悪い思いをすることになる。すんなりと圧勝できないケンカは、社内ではしない方がいい。

ただし、いつも退いてばかりだと部下からは「頼りがいがない上司」となり、「あの人は自分たちのために戦ってくれない」と失望され、部下の支持を失うことになる。

だからこそ、**絶対に負けられないケンカはやるべきだし、その時には前項で述べた相手に必ず勝つために、相手が同格なら、あらかじめ共通の上司を味方につけておくと**いった手を打つべきだ。

事前に社長や一階層上の上司に話をして味方につけるとなると、「何もそんな面倒なことをしなくても」と考える人がいるかもしれないが、こうした手間暇を惜しんで部門のトップ同士が正面からぶつかり、膠着状態に陥るとかえって事態収束まで時間がかかるし、話がこじれることになりかねない。そこに社内の派閥などがからんでくると余計に厄介なことになり、まとまる話もまとまらなくなってしまう。

そういったことに**無駄な労力を使わないためにも、社内でケンカをする時には、「どうすればスマートに早く決着をつけられるか」を考えて、最短で決着をつけられるようにすることが、とても重要なのである。**社内政治のバトルは避けられない。ならば、それを必要最小限にしよう。そして、そのためには、入念な準備と状況を事実ベースで把握することがその出発点となる。

POINT

他部署の同格の役職者とケンカする時は、共通の上司を事前に味方につけて戦略的に勝て。

上司力改革23

取引先と懇意にする

ケンカ上手になる

リーダーの真価は「かまし」にひるまない力

ビジネスの世界には実にさまざまなタイプの人がいる。初対面の時から穏やかに、にこやかに接してくる人もいれば、101ページで前述した社長のように、相手の人間性を探るための抜き打ちテストをいきなり仕掛けてくるような人物もいる。

リーダーの鉄則は、こうした一癖も二癖もある人物の「かまし」にひるまないことだ。**その場でうろたえて相手に媚びてしまったり、心が折れてしまったりするようだと、一瞬のうちに相手に主導権を握られてしまう。**

営業していると、クライアントの中には「この人はどうも苦手だ」と思うような人物に出くわすこともある。

私がＬＩＮＥで働いていた当時、取引していたとある某有名ブランドは、ＬＩＮＥに多くの広告を発注してくれており、年に1回、契約の交渉を行うのが常だった。それまではその商談は、ブランド側の社長とＬＩＮＥの社長が直に行っていた。そしてある時、社長から、「あのお客さん、俺は行きたくないから、田端さん、代わりに行ってください」と言われたことがある。社長がお客さまのことをそんな風に言うのははじめてなので、「えっ」と驚いた。

その人物のもとを訪ねた。約束は2時だったが、先方は30分も遅刻したうえ、こちらの見積書に対して、開口一番こう言い放った。

「ふざけた見積もり出しやがって。ナメてんのかお前」

先方のあまりに強烈過ぎる「かまし」に対して面食らいながらも、私は次のように返した。

「ふざけたとおっしゃいますが、こちらの料金表に基づいて値上げの見積もりを出させていただいているだけです」

そこへ美人秘書が、アイスコーヒーを持ってきてくれた。真夏に交渉したのをよく覚えている。

先方からは「まあ、暑いので飲んで！」

落ち着こうと一口アイスコーヒーを飲んだところに、先方はすかさずこう言った。

「はい、一口1000万円！」

「そのアイスコーヒーは一口1000万円だ。お前らはふざけた見積もりを持ってきたんだから、そこから1000万円値引きしろ」というわけだ。

創業社長というものは、えてして強い個性の持ち主であり、癖も強ければ押しも強い。この人物はその典型とも言えるが、初対面でこんなことを言われたら、たいていの人は心が折れてしまうはずだ。しかしここで引いたら相手の思うつぼになってしまう。負けてなるものか、と腹を括った私は、意を決してこう伝えた。

「社長、お言葉ですが、先ほどから、値引きしろ値引きしろ！　とおっしゃいますが、たとえばお宅のお店に来たお客さんが『バッグを値引きしろ』と言ったら、その場で要望通り引いてくれるんですか。しませんよね。むしろそんなことを言うのなら、無理に買わなくていいと言うのではないですか。私たちもまったく同じです。ここで勝手に値引きをして帰るわけにはいきません。そこまで価格にご不満なら、無理して買っていただかなくて結構です。ＬＩＮＥの公式アカウントを、これまでご利用いただきありがとうございました」

そう言って席を立とうとした時のことである、先方は「いやいや、そこまで言っていないって」と引き留めにかかった。

これは面倒くさいやり取りとしか言いようがないが、相手の「かまし」にひるむことなく対応したという意味で、今となっては面白場面の1つである。

当時私は営業部の責任者であり、この創業者のような大口ユーザーから見れば、「ペコペコして、言うことを聞くのが当たり前」に見えただろう。そんな私が「売りません。帰ります」と一矢報いて逆襲してきたことにはおそらく驚いたはずだ。

営業と言えば「売ることが仕事」であり、「売るためには何でもする」と勘違いしている人が少なくない。そのため「お客さまは神様です」を盾にして、営業相手に無理難題を平気でふっかけるお客さまも存在する。

しかし、営業の立場からすると、このような状況下でフェアな交渉などできるはずがない。

そうならないために営業は、**「あなたに買わない自由があるのと同様、こちらにも売らない自由がある」ということを、しっかりと自覚する必要がある。**そして、もしリーダーであるならば、部下にも「君たちには売らない自由もある！」と明確に伝えるべきだ。お客さまはお金を払って品物やサービスを買う立場だが、それはその品物やサービスを欲しいと思うから買っているのである。であれば、売る側も一方的にペコペコする必要はない。自分には「売らない」選択肢もあり、相手の言い分や言い値に納得がいかなければ、売らずに帰ってくればいい。

もちろん、いつもお客さまとケンカをするのはよくない。しかし、**「こちらには売らない自由がある」と腹に決めていれば、いきなりの「かまし」にひるむことはないし、心が折れることもない。**リーダーの真価は、相手が一発かましてきた時に、こちらも負けじと、はっきり言うべきことを言えるかどうかにかかっている。

交渉事はヤクザ映画に学べ

この創業社長との交渉はその後も毎年のように続いたが、先方はこういったかましを毎日、何社かにやっていたはずである。そんな時に「**わかりました**」**と要求をすべて呑むか、それとも「では、ご利用いただかなくて結構です」と席を立つマインドを持っているかは、その後の交渉にも大きく影響をおよぼす選択**となる。

リーダーが交渉に勝つためには、どんな相手であっても絶対に負けてたまるかという心意気が肝要だ。スポーツの世界でもそうだが、「強敵だから」という先入観が強いと、実力的には差がないにもかかわらず、戦う前から負けたも同然になってしまう。

ビジネスというのは結局のところ、人と人とが行うものだ。そこで成果を上げるためには人に強くなることが不可欠となる。

その際、大いに参考になるのが日本の「ヤクザ映画」や「ゴッドファーザー」などのマフィアものの作品群である。ビジネスは一見ドライに見えても、実際には「貸し・借り」があり、折に触れてヤクザ映画やマフィア映画でおなじみの「義理・人情」が顔を出す。さらに部下は上司に対して、「この人は役立たずのヘタレなのか、肝心なところで筋を通せる人なのか」を実によく見ている。

この令和の時代になって、「貸し・借り」だの「義理人情」だの「筋を通す」だの古くさいし、面倒だと感じる人もいるだろう。しかし、**社内と社外を問わず、交渉を有利に進め、成果を上げるためにはこうした「人情の機微」に通じているかどうかが要なのである。**

POINT

交渉の場でリーダーに求められるのは、相手からの「かまし」をかわす力である。

上司力改革24

人脈を広げる
要の人脈だけ押さえる

人脈は広げなくていい

巷には人脈というのは広ければ広い方がいいと誤解している人が結構な数、存在する。人脈を広げるためにさまざまな交流会に参加したり、SNSなどでもとにかくたくさんの人とつながろうとしたりする人もいる。しかし私に言わせれば、**それほど影響力を持たない知り合いや同じ会社の同僚などに「あいつは面白い」と言われたところで、無意味に等しい。**

私はライブドアの後、コンデナストという出版社に入った。その社長で、『VOGUE』

や『GQ』の編集長、そしてコンデナストの前には、『BRUTUS』などの編集長も務めた斎藤和弘さんからある時、こんなことを言われたことがある。

「漫然と良い雑誌をつくろうと思ってもダメだ。僕は、トム・フォード（長年、グッチのクリエイティブディレクターを務めた有名デザイナー）に『いいね！』と言わせることを常にイメージして、『VOGUE JAPAN』をつくっていた。**今、最も影響力があると思われている人に、どうやってほめてもらうかが一番大事**なんだ」

『VOGUE』という雑誌は世界各国で発刊され、記事内容は各国編集長の裁量に任されている。当然、雑誌の売れ行きや広告収入も国によって大きく違っているだけに、編集長同士のあいだでも序列が存在していた。

『VOGUE JAPAN』は2000年代に創刊され、歴史も浅いだけに、その序列もあまり高くはなかった。

しかし、ある時、「今、世界中の『VOGUE』でどの国のものが一番面白いですか？」と質問されたトム・フォードが、「僕は『VOGUE JAPAN』が一番、イケてると思うよ」と答えたことで、『VOGUE JAPAN』と斎藤和弘編集長のステイタスは一気に跳ね上がった。

それほど影響力のない人や会社の上司や先輩がいくら「いい」と言ったところで何の意味もないが、トム・フォードのように世界的な影響力を持っている人が一言「いい」と言えば、ただそれだけで世界は一変することになる。

大切なのはたくさんの人に知られていることよりも、「誰に知られているか」であり、「その人物にどう評価されるか」だ。そう考えれば、人脈というのはただ広げればいいものではないということがわかるだろう。その人脈の中に、自分の評価を決する「本当に価値ある人」がどれだけ含まれているかによって、その後の展開は大きく変わるのである。

上司は「ホットライン」を持て

仕事における人脈にも同じことが言える。

たとえば、**会社同士でもめ事が起こった時、幹部同士が以前に会食をしたことがある**

というのは、超強力なセーフティーネットになる。

幹部同士が一緒に食事をしたことがあって、お互いのことをある程度わかっていれば、何かトラブルが生じたとしても、その幹部が「あの人とはこの前一緒に食事をしたけど、別に悪い人じゃないし、話せばわかるはずだ」と一言話すだけで周りの部下は落ち着くし、冷静に相手と話し合うこともできる。

反対に幹部同士に何の面識もない場合はお互いが会社の看板を背負って交渉にあたるだけに、簡単には事は運ばない。その意味で上に立つ人間というのは、**何かあった時に気軽に電話したり、相談したりできる相手をどれだけ持っているかがとても大切になる。いわゆるホットライン、個人的な信頼関係である。**

歴史を振り返れば1962年、キューバにソ連がミサイル基地を建設、アメリカとソ連のあいだに核ミサイルが発射されるのでは、という文字通り一触即発の危機が訪れたことがある。その際、ケネディ大統領とフルシチョフ第一書記のあいだで書簡を交換し、何とかキューバ危機を回避することができた。この時の教訓を元に生まれたのが米ソ間のホットラインである。

危機に際して、ケネディ大統領が念頭に置いていていたのが「戦争は将軍たちに任せるには危険過ぎる」ということだ。部下である将軍たちに任せてトップの自分が間接情報だけに頼っていると、そこに誤解や伝達ミスなどが重なり、思いもよらない事態に発展しかねない。こうしたまずい状況を回避するためには、リーダー自ら情報を収集し、相手のリーダーと直接話すことのできる環境整備が欠かせないということだ。

安倍晋三さんが総理大臣の頃、当時のアメリカ大統領のトランプと非常に親密な関係を築いていていた。このことについて「成果につながらない」と非難する人たちがいたが、リーダー同士の親密さというのは非常時には頼りになるだけに、こうした関係づくりはもっと評価されていい。

リーダー同士の横のつながりは、ビジネスにおいてもとても大切になる。

上司はどうでもいい人脈を広げる必要はないが、**社外に自分と同格、あるいは同格以上の人脈は持っておく方がいい。あるいは、社内にも自分の部下とは別の人脈があると**

いい。そうすることで部下からの報告に対して何か違和感を覚えた際には別ルートから情報を得ることで、「何が正しいか」を正確につかむことができる。

さらに、他社とのあいだに問題が起きた際にも、「ちょっと電話してみるわ」と行動を起こすことで、大事に至らないこともある。

人脈はやたらと広げる必要はないが、自分にとっての「要」となる人脈だけはしっかりと押さえることを旨とすべきである。

POINT

リーダーは、「ここぞ」という時に直接相談できる決定権を持つ人物と直接つながっておくこと。

上司力改革 25

相手の落ち度を指摘する
↓
「お願い」で落とす

クレームをつける上司は二流以下

人間というのは、とかく短所に目が行きがちな生き物である。

ある中小企業の経営者がコンサルタントから「あなたの会社の良いところを10個挙げてください」と質問されたところ、挙がってきたのはわずかに2、3個で、「うちの会社にいいところなんてありませんよ」と音を上げてしまった。

ところがコンサルタントが質問を変えて、「では、あなたの会社のここが弱い、というところはありますか？」と尋ねると、「いい人材がいない」「知名度がない」「これという技術がない」と次々と挙がってきた。私たちがいかに「自分に足りないもの」に意識が向きがちであるか、よくわかる。
自社の弱いところを認めることは大切ではあるが、「いいところなんか何もない」と経営者が言い切るような会社に、果たして明るい未来はあるのだろうか。

この経営者と同様に、「自分にはいいところなんか何もない」と思い込んでいる人は少なくないし、**上司が部下を見る時も長所より短所ばかりに目が行き、ついつい注意したくなるということは多い**だろう。

こうしたタイプの上司は部下や取引先などがミスをすると、ここぞとばかりに責め立てる。私がかつて営業部隊を率いていた時、広告を掲載したにもかかわらず期待通りの成果が得られなかったからと、まるで当社に落ち度があるかのように責め立ててくるお客さまがいた。先方の言い分はこうである。
「お前ら、契約した通りの義務を果たせていないじゃないか。債務不履行だ。このままだったらお金は払えない」

これは明らかに言いがかりだ。
自分たちが、事前に約束したことができていないとか、広告に大きなミスがあったということであれば、たしかにこちらに落ち度がある。その場合は金銭上の問題が生じるのも仕方がない。しかし、契約で定めた「やらなければならないこと」を、こちらがすべてやっている場合、期待通りの効果が出なかったとしても全責任を負う必要はない。

たとえば、商品自体に魅力がなかったとか、システムに問題があったとか、お客さまの側にも大きな原因があるにもかかわらず、一方的に「お前たちの落ち度だ、お金は払えない」と責め立てるのは明らかに不当である。このような場合はたとえ相手が上得意さまであったとしても、「御社とはもうお取引はしません」と以後の契約を打ち切ることになる。

これと同様、**相手の落ち度を一方的に責め立てるリーダーは二流以下だ。そんなやり方をすれば、相手も売り言葉に買い言葉でケンカ腰にならざるを得なくなるし、たとえケンカに勝ったとしても、わだかまりが残る。**

このような勝ち方をしても、得るものは少ないのである。

一流はお願い上手

こちらの落ち度を一方的に責め立てるお客さまもしばしばいるけれど、似て非なるケースで、私が「この会社はすごいなあ」と思ったのがサントリーのやり方だ。

サントリーと言えば、昔から広告宣伝に力を入れており、開高健さんや山口瞳さんといった著名な作家たちも同社の宣伝部の出身である。創業者の鳥井信治郎さん時代の「赤玉ポートワイン」のポスターも、時代を席捲したクリエイティブとしてよく知られている。

同社は年に1回、新高輪プリンスホテル（現・グランドプリンスホテル新高輪）の飛天の間で、夏のビール商戦を前にテレビや新聞、雑誌、ネットメディアの関係者などを招いて決起集会を開き社長自らが挨拶に立ったものだ。次のような挨拶が毎年恒例の風物詩である。

「私たちは宣伝の力を信じています。宣伝活動はサントリー1社だけでは完結せず、メ

ディアの皆さん、広告会社の皆さんのアイデアや力が必要です」

今や世界からも高評価を受けるビールやウイスキーのブランドであることは言うまでもないが、サントリーの成功の礎《いしずえ》は、それと同じくらい「宣伝活動」が果たした役割が大きい。

社長は自社にとっての「宣伝」の重要性を熟知し、メディア各社と密接な協力体制を保つことを大切に考えている。この会における「宣伝活動の成功は、マスコミや広告会社など大勢の力があってこその賜物」という言葉を聞いて、関連企業は感激するはずである。そこに続けてトップはしっかりと、「軍資金もたっぷり用意しました」と付け加えるのだ。出席者にとって最もうれしい一言だ。

メディア関係者が会場で毎年こうした話を聞けば、**「いつもお世話になっているサントリーさんのために、弊社としても何かしたい」と思うようにもなるわけだ。**

私がＬＩＮＥで広告営業の責任者をしていた時のことだが、サントリーが新商品の販促としてＬＩＮＥでもスタンプなどいろいろと試みたものの、期待していたほどには成果が出なかったことがある。こんな時、イケてない企業は「お前の会社の責任だ。

何とかしろ」とクレームを入れてくるところだが、サントリーを担当していたとある広告代理店からは次のような趣旨の連絡があった。

「ＬＩＮＥでもスタンプとかいろいろやっていただきましたが、キャンペーン対象であるサントリーの新商品の初動が思ったほど芳しくないらしいんです。それについてサントリーさんからクレームが来ているわけではありませんが、先方ご担当者さんもとてもお困りのようでして……。そこで、御社にお力添えを頂き、サントリーさんのために援護射撃ができないかなと思っています」

イケてない企業なら、ここで「こっちはお金を払っているんだぞ」ということを笠に着て「何とかしろ」と責め立てるが、**このサントリーのケースのように「最初からお願いの姿勢」で終始一貫して来られると、一緒にプロジェクトを進めている関係者は、「何かお困りの時には、御社のために一肌脱ぎましょう」という気持ちになるものだ。**

「相手と仲良くなるには、お願いごとをせよ」と言われる。

たいていの人は「お願いを聞いてもらうなんて、申しわけない」という遠慮から、誰かに何かを頼むのを躊躇しがちだ。しかし、そこで勇気を出して頼んでみると、意外と簡単に引き受けてもらうことができ、その依頼をきっかけとして付き合いの輪も広がるということがある。

世の中は多くの人の関係性で動いている。つまり見方を変えれば、誰もが何らかの特技を持ち、誰もが頼まれたいことを持っているとも言える。**「こういうことが苦手なので、助けてください」と頼むのは相手の長所を生かせるフィールドを用意することになる。**

真の意味で成果を上げることができるのは「お願い上手」の上司である。仕事は持ちつ持たれつの関係性でできている。上手に人を頼ることのできる上司はたいていの場合、抜群の成果を上げることができるのだ。

POINT

苦しい局面で援軍を送ってもらうには、クレームをつけるのではなく、「お願い力」を磨け。

あとがき

　長年、自分が「正しい」と信じてやってきたことが、「どうやら時代に合わないらしい」と気づいた時にはどうすればいいのだろうか？

「それでもこれが自分のやり方だ」と固執してしまうと顧客や部下たちから「退場勧告」を食らうことにもなりかねない。

　慌てて書店に駆け込んで「今、流行のマネジメントのやり方」について書かれた本を買って読んでみたり、ネット上に溢れる「部下の育て方」や「部下の動かし方」に関する情報を参考にしたりしながら慣れ親しんだやり方を「変えよう」とするものの、「どうもしっくりこないなあ」と感じた人は多いのではないだろうか。

　それは当然だ。

　巷に溢れるたくさんの「上司とは」「マネジメントとは」という本や情報が教えてくれるのは従来の上司のあり方の延長線上にある、「今に合わせてちょっとだけ変えてみたもの」ばかりで、そんな本や情報を元にやり方を変えたところで、雇用が流動化し、あらゆる業界の前提条件がデジタル化で激変しつつある現在、「圧倒的な成果を出す」ことには決してつながらない。

今の時代、上司に求められているのは「圧倒的な成果」であり、「部下を育てる」ことでも、「良き上司である」ことでもない。私はこれまでいくつもの企業で新規事業の立ち上げやマネジメントに携わってきた。数百名の部下を率いて、時価総額1兆円規模のＩＰＯと同時進行で、投資家から期待のかかる新規事業の立ち上げの陣頭指揮をしたこともある。本書にまとめた上司力改革25箇条は、そんな経験を通して身につけた「部下を通して圧倒的な成果を上げる方法」だ。

部下を育てることも、部下をまとめることも、成果を出すための手段にすぎない。

本書を手にとって実際に読んでみて、「成果を出すことよりも、上からも下からも好かれる上司でいたい」という人にとっては「期待外れ」だろう。「成果が何もなければ、温かな会話や感情も無意味である」はピーター・ドラッカーの言葉だが、これからの時代、上司はもっともっと「成果」に焦点をあてるべきである。会社からはどうあれ、同業他社から「あの人の率いるチームはすごいなあ」と思われる、凄みのある上司となることが重要だ。**良き上司である必要はないが、圧倒的な成果を上げる上司であってほしい。**本書にはそんな願いが込められている。

本書が「迷える上司」を「成果を上げる上司」に変えるきっかけになれば幸いである。

そして、**逆説的ながら、「成果を出す」という成功体験を一緒に経験させてくれる上司ほど、部下を育てる上司はない**と私は確信している。そのことが肌身にしみてわかった時、読者の皆さんは、上司として一皮むけた境地に達したと言えるだろう。

「上司道」は果てしなく深く、その頂は遠い。その道を歩もうとする読者諸君と出会い、議論をする場面を楽しみにしながら筆を置くこととする。

２０２１年３月

田端信太郎

著者略歴

田端信太郎（たばた・しんたろう）

オンラインサロン「田端大学」塾長。1975年石川県生まれ。慶應義塾大学経済学部卒業。NTTデータを経てリクルートへ。フリーマガジン「R25」を立ち上げる。2005年、ライブドア入社、livedoorニュースを統括。2010年からコンデナスト・デジタルでVOGUE、GQ JAPAN、WIREDなどのWebサイトとデジタルマガジンの収益化を推進。2012年NHN Japan(現LINE)執行役員に就任。その後、上級執行役員として法人ビジネスを担当し、2018年2月末に同社を退社。その後株式会社ZOZO、コミュニケーションデザイン室長に就任。2019年12月退任を発表。著書に『これからの会社員の教科書』『これからのお金の教科書』(SBクリエイティブ)、『ブランド人になれ! 』(幻冬舎)他。

SB新書　540

部《ぶ》下《か》を育《そだ》ててはいけない

2021年 4月15日　初版第1刷発行

著　者　田《た》端《ばた》信《しん》太《た》郎《ろう》

発行者　小川 淳

発行所　SBクリエイティブ株式会社
〒106-0032　東京都港区六本木2-4-5
電話：03-5549-1201（営業部）

装　幀　長坂勇司（nagasaka design）

本文デザイン・DTP　miwa

編集協力　桑原晃弥

編　集　小倉 碧（SBクリエイティブ）

印刷・製本　大日本印刷株式会社

本書をお読みになったご意見・ご感想を下記URL、
または左記QRコードよりお寄せください。

https://isbn2.sbcr.jp/09535/

ISBN 978-4-8156-0953-5